Bonifacio Fernández, cmf

LOS VOTOS EVANGÉLICOS

Memoria, relato, utopía

PUBLICACIONES
CLARETIANAS

Los votos evangélicos
© Publicaciones Claretianas, 2024
Juan Álvarez Mendizábal, 65 dpdo, 3º
28008 Madrid
Tel.: 915 401 268
Fax: 915 400 066
www.publicacionesclaretianas.com
publicaciones@publicacionesclaretianas.com
comercial@publicacionesclaretianas.com

ISBN: 978-84-7966-793-1
Depósito Legal: M-7057-2024

Impreso en España - Printed in Spain
Imprime: Estugraf

Prólogo

Las formas de vida de los cristianos se definen por dos referencias fundamentales: la referencia al Dios de Jesucristo y la referencia a la existencia humana lograda. Por la primera, las formas de vida tienen una dimensión teologal: somos creados a imagen y semejanza de Dios, hemos sido bautizados y hechos hijos en el Hijo amado. El Dios de Jesús se muestra definitivamente como el Dios de la vida, el que resucitó a Jesucristo de entre los muertos. Es el Dios amor, relación de amor. Es muy apremiante la llamada a amarnos como Él nos ama, a ser misericordiosos como Él lo es; como el Padre ama al Hijo en el Espíritu. El amor que Él es quiere comunicarse; es creativo y difusivo. Ha hecho una alianza de amor y nos invita a participar activamente en ella. El amor que nos revela tiene unas características singulares y únicas: gratuito, incondicional, es un amor creador. Ama a todos. Invita a la acogida y a la respuesta a su iniciativa.

Por la segunda referencia, las formas de vida de los cristianos se orientan hacia una existencia renovada y redimida tanto en el estilo de vida seglar como en el de los especialmente consagrados. Buscan la realización de los anhelos y aspiraciones profundas del corazón humano. Y también esa realización tiene que ver fundamentalmente con el amor. Todos anhelan vivir libremente en relación de amor, de amistad. Necesitamos el amor estable, fiel y creativo; aspiramos al amor incondicional. Todos aspiramos a un tipo de amor interpersonal que sea al mismo tiempo íntimo y responsable; algunos establecen relaciones de amor exclusivo y también inclusivo; añoran experimentar la fecundidad y definitividad del amor.

En cuanto forma de existencia cristiana, la vida consagrada se inspira en esas dos referencias fundamentales. Constituye una forma de vivir y realizar el mandamiento nuevo: «amaos unos a otros como yo os he amado». Y es una manera de responder y realizar las profundas necesidades humanas. Es una forma de adoración y de auto-realización, de gracia y trascendencia.

Ambas referencias coinciden en la inspiración evangélica. En los evangelios encontramos un proyecto de vida apasionante. Jesucristo es el que aúna la condescendencia divina y la plenitud humana. Su estilo de vida ha inspirado y sigue inspirando una multitud de modelos de vida. Los tres paradigmas más estables y comunes son: la forma de vida secular/matrimonial, la forma de vida ministerial y la forma de vida consagrada. Cada una de ellas actualiza y significa distintos aspectos del proyecto de vida de Jesús y de los apóstoles. Los valores de ese proyecto de vida forman los llamados consejos o carismas evangélicos.

La forma de vida consagrada se caracteriza, entre otros rasgos, por la promesa y el compromiso de vivir los consejos evangélicos en forma de votos. Constituyen una forma peculiar de encarnar y combinar las dimensiones del amor. Ningún estado de vida, ninguna época, puede agotar la diversidad y fecundidad de la vida evangélica. Se trata de realizaciones parciales, cuya originalidad y novedad va siendo suscitada por el Espíritu en la historia humana.

En las páginas que siguen, presento primero el enfoque antropológico y cristológico de los votos; luego hago una descripción del contenido de cada uno de los ellos. Pongo de relieve lo que no es y lo que es cada uno. He buscado un enfoque común y unitario. Los votos de los consagrados tienen una dimensión memorial: recuerdan y significan las actitudes y prácticas del Jesús de la historia. En realidad, no miran solo a la historia de Jesús, sino que narran la presencia del Resucitado que actúa por el Espíritu en nuestra historia. Al mismo tiempo, constituyen un proceso de liberación y maduración con los ojos fijos en la resurrección que esperamos. Son confesión de la esperanza en el Cristo que nos aguarda al final de la peregrinación por este mundo. Lo esperamos a Él; es Él quien nos espera. La novedad y originalidad del paradigma evangélico se encarna en nuestro barro humano. Por ello nunca está incorporado del todo; persiste la dimensión de promesa y utopía.

Es el triple enfoque que he querido resaltar en el subtítulo: memoria, relato y utopía.

He pensado en un texto que resulte útil para la formación inicial y para la formación permanente. El escrito va provisto también de materiales y sugerencias para la personalización y el diálogo comunitario. Pretendo presentar el proyecto de vida consagrada como una escuela de humanidad y un laboratorio de auténtica vida evangélica.

Capítulo I
Antropología de los votos

Una buena manera de desarrollar la dimensión antropológica común a cada uno de los votos religiosos consiste en ponerlos en relación con la persona humana en sus dinamismos, aspiraciones y necesidades. Por otro lado, partimos de la convicción de que la vida consagrada es vida evangélica. Se caracteriza por el seguimiento y la imitación de Jesús, el Cristo. Constituye un modo de vida humana al estilo de Jesús, apasionado por el reino de Dios. Esta inspiración evangélica se expresa bien mediante la metáfora del árbol de muchas ramas que tiene sus raíces en el evangelio y que da fruto en las distintas etapas de la vida de la Iglesia[1].

1. Presupuestos

1.1. El ser humano es persona. Y ello significa ser sujeto en relación, abierto al tú, al otro, a las cosas y a la trascendencia. No está hecho para el aislamiento. Está hecho para la relación. Ser persona es ser capaz de relación, de comunicación, de convivencia. El ser humano es transpersonal en el sentido

---

[1] *Vita consecrata*, n. 5.

de interpersonal; es trans-individual en cuanto que es un sujeto, pero no único y cerrado[2].

Biográficamente esta estructura relacional del ser humano se configura como filiación. Somos hijos de… alguien. Somos puestos en la existencia, nacidos en una familia. No nos hemos creado a nosotros mismos. Hemos nacido de la voluntad de otros. Somos originariamente don; sujetos dotados de conciencia y libertad, divididos entre lo que somos y lo que queremos ser. El pretendido nuevo paradigma de la no-dualidad tiene que hacer las cuentas con esta realidad antropológica. Y, más al fondo, con la diferencia entre el creador y la criatura, entre el principio de identidad y el de contradicción.

1.2. El ser humano nace necesitado, no está terminado al principio; está en camino hacia su propia plenitud. Es natura, pero es también cultura. Está hecho de deseos, que suponen carencia. Esos deseos se articulan, modifican culturalmente. No están determinados por el instinto. Ni predeterminados por el estímulo.

1.3. El ser humano es histórico, se va haciendo en la historia y va llegando a ser sí mismo según lo que está llamado a ser. Su origen no es su destino; su profesión no es su destino. Se va construyendo. Existe como vocación y proyecto. La existencia humana es encargo recibido y tarea a realizar. La actual situación histórica hace que el ser creyente cristiano se tenga que realizar como mediación entre la dimensión de la fe y la dimensión secular en la que se vive. Está situado en la

---

[2] Cf. Juan Jose DE LEÓN, *Como los demás. La vida religiosa y la condición humana*, Madrid 2007; Noëlle HAUSMAN, *Inútil y preciosa. Ensayo sobre el futuro de la vida consagrada en occidente*, Madrid 2005; Gabino URÍBARRI, *Portar las marcas de Jesús. Teología y espiritualidad de la vida consagrada*, Comillas 2001; M. DÍEZ PRESA, *Antropología de la vida religiosa*, Madrid 1984.

frontera entre la fe y la modernidad, entre la Iglesia y la sociedad secular, lo local y lo global.

1.4. El ser humano es corporal; no es ni animal ni ángel, ni un robot. Estamos hechos de carne y hueso. Pero tenemos capacidad de interioridad. Por el cuerpo somos visibles. La persona entera se hace presente y patente a través del cuerpo: por él nos distinguimos de las demás personas; gracias a él nos relacionamos con los demás. Y con el espacio y el tiempo. Puedo decir: tengo cuerpo y soy mi cuerpo. En cuanto personas, somos destino y libertad; naturaleza y cultura. Somos realidad y posibilidad. Vivimos en un mundo de estímulos, pero los traspasamos como creadores de símbolos. Esta doble condición es la raíz de todas nuestras venturas, aventuras y desventuras.

Somos humanos y tenemos la faena de humanizarnos en un proceso que dura toda la vida. Somos nuestra memoria biográfica y nuestros sueños personales.

1.5. El ser humano es sexuado; existimos como hombres o como mujeres. La sexualidad es una realidad biológica, pero es también cultural. Como realidad biológica se distingue el sexo cromosómico, el sexo gonadal, hormonal, genital interno, fenotípico. Pero el sexo tiene también una dimensión psicológica, es decir, una manera de sentir y pensar nuestro cuerpo. Además, la sexualidad no es una realidad puramente individual y privada; no la elegimos, sino que nos viene dada; es un don; pero es también cierto que la sexualidad es una realidad construida socialmente, regulada socialmente. En este sentido, el sexo se convierte en género, masculino o femenino. «La sexualidad, en la que se expresa la pertenencia del hombre al mundo corporal y biológico, se hace personal y verdaderamente humana cuando está integrada en la relación de persona a persona, en un don total mutuo y temporalmente ilimitado del hombre y de la mujer»[3].

2. Las necesidades humanas relacionales

El ser humano es un ser de carencias. No nace pleno; nace menesteroso. Necesita alimentación, cuidado, protección. Tiene que buscar su propia realización. Los dinamismos básicos de esta búsqueda son descritos de múltiples maneras según los autores. Para Sigmund Freud la pulsión fundamental de los seres humanos es la del placer. Ese es el dinamismo que mueve la conducta humana. Para Alfred Adler consiste en la voluntad de poder. Victor Frankl entiende que la necesidad básica de los seres humanos es la voluntad de sentido. Y el hombre es capaz de dar sentido a su vida incluso en situaciones muy negativas, siempre que tenga una motivación suficiente.

Aquí y ahora seguimos una manera más descriptiva de exponer las necesidades humanas. Están, en primer lugar, las necesidades físicas (comida, vestido, seguridad, casa…). Son cuestión de supervivencia. Constituyen un fuerte dinamismo: nos obligan a trabajar para satisfacerlas. Este tipo de necesidades básicas de supervivencia son, en la práctica, muy elásticas. Y en ese carácter se basa la influencia de la sociedad de consumo. No solo nos ayuda a satisfacer nuestras necesidades, sino que las agranda y crea la «necesidad» de adquirir nuevos productos, más sofisticados, más abundantes[4].

---

[3] *Catecismo de la Iglesia católica*, n.2337.
[4] Cf. C. Domínguez, *Los registros del deseo. Del afecto, del amor y otras pasiones*, Desclée, Bilbao 2001; José Antonio Marina, *Las arquitecturas del deseo. Una investigación sobre los placeres del espíritu*, Anagrama, Barcelona 2009; Id., *La pasión del poder*, Anagrama, Barcelona 2010.

Además de esas necesidades físicas, tenemos las necesidades relacionales. Podemos señalar estas cinco:

1.1. Necesidad de amar y ser amado, está a la base de todos los dinamismos y búsquedas humanas: dar amor, recibir amor; amar, dejarse amar; pedir amor y rechazarlo.

Responder a esta necesidad significa hacerse responsable de la propia vida; crecer en el proceso de personalización. Me responsabilizo de mis acciones y de mis conductas. Me responsabilizo del camino que escojo. El recorrido del crecimiento en el amor es: te amo porque te necesito; te amo porque me amas, te amo porque te amo…

1.2. La necesidad de ser valioso, válido y digno, de respetarse uno a sí mismo y de ser respetado por los demás. Para poder vivir como persona humana el hombre necesita sentirse a sí mismo digno; necesita tener autoconfianza y autoestima; aceptarse y quererse. Se sostiene a sí mismo en su propio esqueleto personal. Se siente valioso. Digno de respeto. Esa apremiante necesitad busca la satisfacción en los valores auténticos que sacian; pero también existe la tendencia a compensar esa necesidad, y eso sucede cuando se busca el poder y el tener como manera externa de autoafirmación y logro de autoestima. En el contexto de esos dinamismos, el voto de pobreza es un camino de liberación de la ambición del poder y del tener y del dominar. Representa un proceso de desprendimiento y de crecimiento en la verdadera autoestima y autoconfianza, apoyada en Dios.

1.3. La necesidad de ser de alguien, de pertenecer, de formar parte de un grupo se realiza en diversos niveles; pertenezco a unos padres, a una familia, a un pueblo. Esta necesidad de ser de alguien se vive de forma peculiar en el voto de castidad; este implica una manera de vivir la afectividad y la sexualidad, las relaciones con los demás. Tiene que ver con la intimidad y la trasparencia personal; se realiza esa necesidad viviendo relaciones de amistad, de verdad y autenticidad interpersonal. Se forma desde la propia familia de origen, el pueblo o la ciudad, la nación. Se expresa en la pertenencia a una iglesia, a una congregación, a una comunidad. Responde a la pregunta: ¿Yo de quién soy, a quien pertenezco realmente? ¿Quién me pertenece a mí? ¿A quién llamo mi amigo/a, hermano/a?

1.4. La necesidad de libertad y autonomía. El ser humano tiene la capacidad de autodeterminación. Tiene que encontrar su propia esencia como ser no-terminado y abierto mediante la toma de decisiones personales. Uno se va haciendo libre; se libera de lo que esclaviza. Esta necesidad de gestionar las propias capacidades, de ser responsable de la misión personal en la vida, se vive en el voto de obediencia en cuanto discernimiento común de la voluntad de Dios en la historia personal y colectiva. No renuncio a mi libertad. No abdico de mi responsabilidad; simplemente la comporto con otros y me dejo ayudar e interpelar. Como resulta muy arduo el ser coherente, se compensa esa necesidad y, por tanto, no se satisface, potenciando la actitud de independencia, separación e insolidaridad. Para tomar conciencia de las compensaciones es útil dar respuesta a la pregunta: ¿Quién manda en mi vida? ¿A quién doy yo poder sobre mí? ¿Quién o quiénes se lo toman?

1.5. Necesidad de trascendencia. Las cuatro necesidades relacionales que acabo de mencionar están transidas por un dinamismo de trascendencia. Como ser de anhelos, el hombre no está fijado a sus instintos; es un ser de realidades y de posibilidades; está abierto al futuro nuevo. Tenemos la vocación de construir nuestra humanidad. El ser humano necesita superarse, crear, realizarse, inventar, innovar, forjar un proyecto de sentido y de esperanza. Se siente atraído por la verdad y la busca a través de la ciencia; se siente llamado por la justicia y la igualdad, por la belleza y la solidaridad. Experimenta necesidades espirituales y transcendentes que no se satisfacen con un sentimiento efímero de felicidad que puede proporcionar el consumo de bienes y de emociones.

Para ello, sin embargo, no cuenta con una brújula humana o un GPS que señale el camino exacto. Tiene que descubrir el sentido y la dirección de la aventura colectiva. Desde el punto de vista intrahistórico tenemos la tarea de humanizar nuestra especie humana y hacerla pasar de la barbarie a la civilización del amor, pero ¿cómo lograrlo? ¿Hay motivos para esperar y confiar en que hay un proyecto de sentido y de esperanza que no defraudará a las personas en su singularidad?

Por de pronto, la sociedad actual nos está marcando el consumo como camino hacia la felicidad plena. Lo presenta machaconamente como un camino privilegiado. Pero no parece que tenga suficientemente en cuenta la escisión antropológica entre experiencia y esperanza, entre los logros y los deseos, por lo cual la felicidad plena será para el ser humano un «imposible necesario». La necesita y no la puede conseguir. Y esa es su paradoja, por más que las nuevas corrientes de espiritualidad laica digan otra cosa. «El nuevo paradigma se construye según este silogismo: lo que nos llega es el reflejo de nuestra actitud interior; nosotros podemos cambiar y dirigir nuestra conciencia; luego la felicidad es nuestra, se aprende, está totalmente en nuestras manos. Podemos ser tan felices como queramos: tal es el credo que repiten sin cesar los maestros de espiritualidad y desarrollo personal»[5].

La esperanza cristiana nos señala aquí la meta última de cada historia personal, y la meta de la historia colectiva.

La esperanza es la lámpara del futuro ya anticipado y, sin embargo, todavía desconocido. La vida votiva es el intento de seguir el impulso de la nostalgia de Dios, que habita en el corazón humano. Y de organizar la vida en torno a la fascinación por Dios que llama desde dentro de la vida humana.

3. LA REALIDAD ANTROPOLÓGICA DEL PECADO

En realidad, el ser humano está movido por el dinamismo de las necesidades: la naturaleza lo impulsa con fuerza a satisfacerlas para realizarse y sentirse feliz. La inclinación a alimentar la valía personal garantizando los bienes necesarios es un dinamismo de la naturaleza; la inclinación a la libertad y a la autonomía para gestionar y disfrutar la propia vida, también. De manera similar es inclinación natural la búsqueda de la fecundidad de la vida.

«Estas inclinaciones, en cuanto fundamentadas en la naturaleza, son buenas en sí. La criatura humana, no obstante,

---

[5] Cf. Helena BÉJAR, *Felicidad: la salvación moderna*, Tecnos, 2018; Martin E. P. SELIGMAN, *La auténtica felicidad*, Zeta Bolsillo, 2011; R. SANTANDREU, *Las gafas de la felicidad. Descubre tu fortaleza emocional*, Grijalbo, 2014; Eckhart TOLLE, *El poder del ahora: un cambio hacia la realización espiritual*, Gaia Ediciones, Móstoles 2001; Enrique MARTÍNEZ LOZANO, *El Evangelio lee nuestro anhelo*, Bilbao 2017; Gilles LIPOVETSKY, *La felicidad paradójica. Ensayo sobre la sociedad de hiperconsumo*, Anagrama, Barcelona 2007, p. 337.

al estar debilitada por el pecado original, corre el peligro de secundarlas de manera desordenada»[6].

1.1. Los dinamismos de las necesidades humanas, que son potencia y carencia, están heridos por el carácter finito y caduco de la vida humana. No somos eternos; somos mortales. La vida humana está radicalmente amenazada en su conatus fundamental de vivir y pervivir. El ser humano mortal experimenta otra amenaza fundamental: los dioses poderosos, caprichosos, celosos, que exigen su sumisión. Contra ellos se rebela, porque pueden hacer de su vida humana una esclavitud. Y se defiende con una pretensión desmedida que llamamos pecado original. El hombre tiene la pretensión de absolutizarse a sí mismo. Bajo el poder de esa tentación, siente a Dios todopoderoso como una radical amenaza, con su poder incontrolable sobre nuestra vida que se desea autosuficiente. Ese Dios, posiblemente hostil, puede hacer de nuestra vida una marioneta, un sueño fugaz, un juego de los dioses.

1.2. El hombre se hace norma de sí mismo, se convierte en «homo incurvatus in se»; estaba diseñado para ser flecha hacia Dios. La desconfianza y el miedo le lleva a encerrarse en sí mismo y a defenderse de aquello que le amenaza. Se siente cuestionado por la fragilidad y por la muerte. En esa situación, el imperativo primario es la «lucha titánica» para afirmarse y defenderse. Surge la lucha de todos contra todos: el mundo inhumano, que se estructura en formas de opresión, dominio, explotación. El otro es necesariamente un rival, un enemigo. Hay que estar con él como quien tiene que defenderse siempre. Siguiendo la narración del *Génesis* (Caín y Abel, la torre de Babel) y la brillante explicación del pro-

---

[6] *Vita consecrata*, n. 87.

fesor Olegario González de Cardedal, estos son elementos a tener en cuenta:

— Si Dios es rival y amenaza, el hombre tiene que afirmarse a sí mismo heroicamente, titánicamente.

— Contra la angustia de la finitud.

— Contra la inconsistencia ontológica: se intenta asegurar la vida con los bienes, con el poder, con la posesión del otro. «Seguros de vida contra la seguridad de la muerte».

— Contra la tentación de suicidio y homicidio, en todas sus formas.

— Contra la pesadumbre de los propios pecados y de la propia culpabilidad ante el daño que hacemos a los demás.

— Contra la monotonía de la soledad: de querer superarse con el querer ser, deber ser. Diferencia entre el ser y el querer ser. Conciencia utópica. Amor imposible.

— Contra la desesperación, que paraliza la existencia, resignándola a acomodarse y acostumbrarse a la propia finitud, a la impotencia y debilidad del bien, del amor, de la justicia en la historia del sufrimiento del mundo.

— Contra el acecho de la muerte, que presente en la vida, amenaza con destruirla en el sinsentido y el absurdo.

El ser humano que fue creado por Dios como un «girasol» cuya naturaleza y felicidad consiste es orientarse a la luz del sol, es decir, de Dios, se ha convertido en «caracol», encerrado y protegido en sí mismo, cargado con todo el peso de la propia pretensión de auto-salvación[7].

4. LA REALIDAD DE LA SALVACIÓN COMO GRACIA

Por otra parte, la conversión y el cambio mental y moral surgen de la experiencia de la gracia que brota de la revelación de Dios-Padre en la persona de Cristo con características diferentes y sorprendentes. Dios se muestra en Cristo como el padre/madre que establece una alianza de amor con los seres humanos. Es un Dios

— Que acoge y destina a todos y cada uno al amor del Reino.

— Que es gracia liberadora y sanadora.

— Que quiere la vida del hombre, su salvación, su felicidad.

— Que dice ¡no! a la historia de sufrimiento y muerte de los hombres.

La revelación y encarnación del Dios/Amor en la historia del hombre Jesús implica la revelación y realización del hombre auténtico; este descubre la posibilidad y realidad de:

— Aceptación de sí mismo y acogida de sí mismo por saberse amado y destinado a la felicidad.

— Capacidad de amarse, no con el puro instinto de la conservación, que es anulado por la muerte, sino con la holgura de quien se sabe en manos de Dios.

---

[7] El papa Francisco ha señalado muchas veces el peligro del neopelagianismo, cf. *Gaudete et exsultate*, nn. 47-52. Señala que la gracia no nos hace superhombres, que nos toma y nos trasforma de forma progresiva e histórica.

— Apertura a la novedad de Dios, que ha querido formar parte de nuestra historia, y cuyos caminos nos son conocidos y sorprendentes, previsibles y desconcertantes.

La curación de las heridas personales abre la mente y el corazón a la relación; ya no es la hostilidad representada en Caín y Abel sino la experiencia de la comunión y la fraternidad de los discípulos de Jesús. La comunidad bajo la experiencia de la gracia de Dios en Cristo descubre sus más hondas dimensiones:

— Descubrimiento de la proximidad, projimidad de los otros, de los cuales no hay que defenderse como una amenaza para nuestra autonomía sino con la capacidad de estar ante él como hermano y compañero de vida y de destino.

— Libertad para amar (agape) a los demás hasta la pérdida de la propia vida, para que el otro al sentirse amado, pueda amarse a sí mismo.

— Esperanza de que el bien, la justicia, la libertad, el amor tienen sentido y consistencia y terminarán imponiéndose; que la aventura humana no acabará en la muerte; que la historia humana terminará escatológicamente en la paz, el gozo, la salvación, la felicidad.

La experiencia de la salvación como amor es un principio operativo del comportamiento cristiano en el mundo. Con él se abre una nueva posibilidad, un camino más allá de la alternativa entre la revolución violenta y el pacifismo descomprometido, el camino del cambio y la auténtica humanización del hombre y del mundo. La salvación en la historia no proviene de la dominación sino de la entrega[8].

5. Compensaciones

Cada una de estas necesidades mencionadas son motores que nos ponen en movimiento; señalan una dirección. Pero no es una dirección clara y unívoca, debido a la influencia del desequilibrio del pecado. Estas orientaciones de la necesidad con frecuencia sus confusas. Buscamos satisfacerlas por caminos falsos que no nos llevan a la satisfacción; nos dejan en una simple compensación. No llenan la carencia que nos mueve. Si tenemos mucha sed y comemos algo salado no se nos quita la sed; se multiplica.

La compensación de las necesidades puede convertirse en verdadera neurosis.

Las compensaciones o falsas satisfacciones de las necesidades humanas brotan del temor a la muerte por el que actúa eficazmente el poder esclavizador del pecado.

5.1. Valía y dignidad

La necesidad de dignidad y valía personal está amenazada por *el temor al abandono*, es decir, a no tener bastante para vivir. Es una manifestación de la finitud y la mortalidad humana. De ahí brota la tendencia desmedida, es decir *la codicia*, a acumular bienes, títulos, prestigio, imágenes personales. Se trata de afirmar la propia dignidad y valía personal a base

---

[8] Cf. Juan Antonio Estrada, *De la salvación a un proyecto de sentido. Por una Cristología actual*, Bilbao 2013; Olegario González de Cardedal, *La entraña del cristianismo*, Salamanca 1997; Id., *Cristología*, Madrid 2001; A. Fierro, *El crepúsculo y la perseverancia, 8: La praxis de la fraternidad*, Salamanca 1973, pp. 179-217.

de apoyos exteriores: teniendo dinero, teniendo fama, siendo «importante» socialmente, haciéndose admirar… La pasión por tener poder y control sobre los demás, sobre los bienes e incluso sobre Dios, brota como compensación de la necesidad de sentirse valioso en sí mismo y por sí mismo. La pasión desquiciada por el poder es una manera de defenderse contra la experiencia de la caducidad, la mortalidad y fragilidad de la vida que está a merced de la contingente finitud que constituye a los seres humanos.

5.2. Pertenencia

La necesidad de pertenencia está acompañada por el *miedo a la soledad*, es decir, a ser dejado solo, aislado, como alguien que no cuenta para nada ni para nadie. Más radicalmente está condicionada por la convicción de no merecer la atención y el cuidado de los demás; uno se considera un estorbo. No merece vivir ni disfrutar.

Para superar ese temor al aislamiento, la necesidad de valía se compensa o bien con una actitud de fusión con otras las personas, como la hiedra con la pared. Otras veces se amortigua en el gregarismo y el conformismo. Uno puede dejarse llevar por el temor a la soledad infringida desarrollando una actitud de narcisismo; convirtiéndose en el ombligo del mundo y utilizando y manipulando a las personas para la propia satisfacción.

5.3. Autonomía/libertad

La necesidad de autonomía y libertad está condicionada por *el temor a ser dependiente*, sometido, utilizado, el temor a ser manejado y manipulado por los poderosos.

De ahí brota el deseo desmedido de libertad y se convierte en independencia. Se afirma sobre sí mismo sin contar con los demás.

Se acentúa el individualismo; las diferencias prevalecen sobre la unidad. Crece el miedo a depender de los demás. Por eso se desarrollan actitudes independientes que son contrarias a la relación. Y terminan condenados a la soledad. Los miedos a ser utilizados, a ser instrumentalizados, terminan encerrando a los seres humanos en una prisión. Además, por miedo a relacionarse y vincularse, la libertad se hace consistir en no atarse a nada; se pretende vivir en la pura independencia y provisionalidad.

Ya se sabe también el resultado. La libertad entendida de esa manera se convierte en «insoportable levedad». La libertad sin responsabilidad sobre la propia vida, sobre el desarrollo del propio potencial, termina perjudicando la propia realización.

5.4. El tener, el poder, el querer

En la situación de precariedad existencial en que nacemos y vivimos los seres humanos surge con fuerza la seducción del poder, del poseer, del placer… Se desata la codicia, la búsqueda de seguridad y defensa contra la propia fragilidad personal y ontológica. El ser humano no es eterno; se vive en el tiempo, y se sabe mortal. Es la realidad de la muerte, como amenaza total y constante de la vida, la que desencadena los mecanismos de la codicia. Y éstos se traducen en dominación, utilización, agresión… El temor a la muerte es la raíz de los males. En esto coinciden Epicteto y san Pablo. La desazonadora presencia de la muerte obliga a buscar la supervivencia a toda costa; y para ello es importante ser más que los demás, tener más que los demás; estar más asegurados contra la seguridad de la muerte. Por eso es urgente disfrutar el placer de vivir sin dejarse afectar por la solidaridad y la compasión.

Cuando el ser humano, diseñado para relacionarse con Dios y apoyarse en él, rompe esta vertical de su vida, se dispara la horizontal de su existencia. Cuando el ser humano diseñado para ser flecha lanzada hacia la plenitud de Dios se vuelve sobre sí mismo y se convierte en «caracol», no puede dejar de mirarse a sí mismo. Se torna *homo incurvatus in se*. Y llega a ser para sí mismo un laberinto de deseos y aspiraciones en las que se pierde y no encuentra la salida correcta.

Y es entonces cuando el dinamismo del poseer, del poder y del querer se pervierten. Son arrastrados por la codicia. El deseo insaciable se convierte en un tirano que esclaviza la vida humana. Nos lleva a vivir por encima de nuestra realidad; sugiere la pretensión de ser «divinos» o «diabólicos».

Los objetos del deseo pueden convertirse en verdaderos ídolos, que ejercen fascinación y seducción sobre nosotros; que piden sacrificios humanos y se convierten en déspotas que someten nuestra vida.

5.4.1. El tener se convierte en poseer

En la Escritura aparece la codicia del tener como un verdadero ídolo: Mammon. Tiene la pretensión de exigir sacrificios humanos, de exigir el culto y tributo de los seres humanos. El tener resulta atractivo. Confiere seguridad, frente a la inseguridad y la precariedad de la vida. Por eso el mecanismo del tener se vuelve insaciable; no se conforma con lo necesario; tiene que acumular, protegerse de las amenazas de la fragilidad por medio de la seguridad que da el tener muchos bienes; mucho dinero, muchos seguros…

En la sociedad actual, esta insaciabilidad del deseo de posesión se ha disparado. Vivimos en una cultura donde tiene vigencia plena el proverbio: «tanto tienes, tanto vales».

Se nos predica machaconamente que la felicidad consiste en tener mucho dinero, para consumir muchos bienes, para alargar el apetito de nuestros deseos. Estamos esclavizados por la tiranía del poder y del tener[9].

5.4.2. El poder se convierte en dominar

Asumir la propia vulnerabilidad es faena dificultosa. El aguijón de la finitud estimula la búsqueda de apoyo y de seguridad. Buscamos seguros de vida contra la seguridad de la muerte.

La codicia del corazón humano se expresa también en la acumulación de poder. No basta desarrollarse, crecer en las propias cualidades. Se desea tener siempre más poder para defenderse de los demás. Se necesita ser más poderosos que los demás; ser superiores a los demás. El miedo a la propia fragilidad y mortalidad desencadena el deseo de superioridad sobre los otros, de dominación. De ahí terminan naciendo las estructuras de opresión, de esclavización del otro e incluso su exclusión.

5.4.3. El querer se convierte en el placer

El amor es deseo. El deseo implica un objeto deseable. E implica afán posesivo, de adueñarse del objeto. La relación de pareja tiene una dimensión de «reciprocidad posesiva». Aunque no sea solo eso.

---

[9] *Evangelii gaudium*, n. 56.

El deseo sexual se expresa como vinculación en la relación de pareja, y como fecundidad. Los dos significados tradicionales del matrimonio siguen vigentes: la entrega íntima y plena y la prolongación de la vida de múltiples maneras. Otro tema es cómo se relacionan entre sí, tras la posible separación entre los dos significados fundamentales, gracias a los anticonceptivos, o simplemente por la dinámica de la naturaleza.

El deseo sexual está muy mezclado con el deseo de poder. La relación entre el hombre y la mujer está contaminada por el poder. En el mundo animal el macho más fuerte tiene el monopolio sobre las hembras de la manada. Entre los humanos, la poligamia o poliginia es también una cuestión de estatus y poder social y económico. La mujer, por su parte, tiene un poder que resulta peligroso para el varón. Tiene el poder de la seducción, el poder de la maternidad.

En la sociedad de mercado se ha desarrollado mucho el hedonismo, el erotismo. Una forma de incentivar los deseos sexuales por la pornografía, por los fármacos. La revolución sexual ha generado unas expectativas de felicidad que se ven decepcionadas. La prometida felicidad no llega. La sexualidad se ha convertido en un rompecabezas[10].

El miedo a no tener bastante tiempo para vivir hace que el impulso de la afectividad, de la ternura y del amor se reduzca a la prisa del placer. En lugar de dar y dejar crecer, se tiene prisa en recibir, en disfrutar… El principio placer se impone sobre el principio reciprocidad. Los santos de la evolución y devoción moderna han pasado de Prometeo a Sísifo, y de Sísifo a Narciso. Siempre Narciso ha tenido muchos devotos;

---

[10] Cf. MARINA, José Antonio, *El rompecabezas de la sexualidad*, Barcelona 2002; ID., *El laberinto sentimental*, Barcelona 1996; Rojas Hidalgo, Enrique, *El laberinto de la afectividad*, Barcelona 2000.

pero actualmente suscita una gran admiración y devoción. Eso se expresa en la búsqueda de satisfacciones inmediatas, gratificaciones instantáneas. Se expresa también en el olvido de la memoria colectiva, de la pertenencia comunitaria, de las referencias maestras.

6. La experiencia de la gracia en Cristo

Jesucristo nos brinda nuevas posibilidades de existencia; nos ofrece una vida más plena, más feliz. Sana y encauza la sed del corazón humano desde la experiencia genuinamente religiosa de Dios como misterio de amor y libertad, de relación y de fecundidad. En clave de libertad y liberación lo podemos expresar con palabras sabias de teólogo E. Schillebeeckx:

«Liberados experimentamos nuevas posibilidades de nuestra existencia:

— A través de la redención de Cristo los cristianos experimentan la libertad de aceptar que, a pesar del pecado y de la culpa, son aceptados por Dios;

— La libertad de ser capaces de vivir en este mundo terreno sin una última desesperación sobre nuestra existencia;

— La libertad de mirar la muerte a la cara pues no tiene la última palabra;

— La libertad de entregarnos desinteresadamente por los otros en la confianza de que tal dedicación tiene, en último término, un significado decisivo (Mt 25)

— La libertad de aceptar experiencias de paz, alegría y comunicación y de entenderlas como manifestación, aunque fragmentaria, de la presencia salvadora del Dios vivo;

— La libertad de comprometernos en la lucha por la justicia económica, social y política;

— La libertad de ser libre de uno mismo con el fin de ser libre para los otros, libre para el bien de los otros.

— Para los cristianos todas estas experiencias son una experiencia cristiana de fe en el Dios que se revela a sí mismo en Jesucristo como el misterio sagrado del amor que todo lo abraza: experiencia de la salvación de Dios»[11].

Dicho de otra manera, la experiencia de la gracia de Cristo, de la comunión con él, hace posible la transformación de la relación con el tener, con el poder y con el querer. La gracia introduce en una forma de vida según Jesucristo. Hace experimentar que Dios es amor, y en respuesta a ese amor, se modifica radicalmente la relación con los bienes, con los poderes y con los otros amores[12]. La comunión de personas iguales modifica las relaciones básicas de la vida: consigo mismo, con el prójimo, con el futuro, con Dios[13]. La experiencia

---

[11] Edward SCHILLEBEECKX, *Church. The human story of God*, Grossroad 1990, p. 132.

[12] Otra forma brillante y profunda de exponer y proponer la identidad cristiana como vida nueva es esta que se debe al teólogo Javier Vitoria: «Vivir liberados por un impulso vital excéntrico más vigoroso que el amor propio. Vivir sostenidos por el impulso vital de la esperanza más fecundo que el temor a la muerte. Vivir movidos por un impulso vital ascendente más fuerte que la gravedad. Vivir guiados por una mirada con mayor poder de penetración que los artilugios humanos de observación. Vivir acompañados por una alegría y felicidad más perdurables que la aflicción y el llanto», «Dios para vivir», en: Bonifacio FERNÁNDEZ-Fernando PRADO (eds.), *La búsqueda de Dios. La alegría de la fe en la vida consagrada*, Publicaciones Claretianas, Madrid 2013, pp.114-130.

[13] Resulta significativo ver los paralelismos de la llamada espiritualidad atea: «¿Qué espiritualidad podemos proponer para ateos? Recuperando las tres virtudes teologales de la tradición cristianas, me gustaría responder: Una espiritualidad de la fidelidad más que de la fe, de la acción más que de la esperanza… y por último del amor —evidentemente más que del temor o de la sumisión—», André COMTE-SPONVILLE, *El alma del ateísmo. Introducción a una espiritualidad sin Dios*, Paidos, 2006, p. 149.

filial de Jesús con respecto al Padre es la que impulsa el esfuerzo de Jesús para liberar a los fariseos de una imagen justiciera y legalista de Dios. Por eso Jesús provoca relacionándose con los pecadores, sentándose a la mesa con ellos. La imagen que ellos tienen de Dios es peligrosa y excluyente. El Dios y Padre de Jesús es incluyente, es el Dios de todos.

7. Las bienaventuranzas y los consejos como camino de felicidad

El Evangelio nos recuerda e ilumina el camino de Jesús. Es el camino de las bienaventuranzas vividas, enseñadas y propuestas por Jesús a sus seguidores y discípulos. Un compendio de las bienaventuranzas son los consejos evangélicos. Existen múltiples consejos evangélicos[14]. En la Iglesia latina y a partir del siglo XII solemos concentrarlos en tres, los tres consejos evangélicos: pobreza, castidad y obediencia. Estos se convierten en un camino certero de llegar a la plenitud de vida, a la vida feliz y a la vida buena.

Los consejos evangélicos son un camino de autorrealización humana según el plan de Dios. Al mismo tiempo constituyen una «terapia espiritual para la humanidad puesto que rechazan la idolatría de las criaturas y hacen visible de algún modo al Dios viviente»[15].

El magisterio de la Iglesia ha señalado con insistencia que los votos son un camino de maduración y de humanización, de crecimiento de la persona humana. Dicho negativamente, no impiden el desarrollo del potencial de las personas. Dicho positivamente desarrollan potencialidades inscritas en el cora-

---

[14] *Lumen gentium*, n. 42 c.
[15] *Vita consecrata*, n. 87.

zón humano, partiendo de que el ser humano es buscador, se hace preguntas y está abierto a las posibles respuestas. Quién crea poder vivir una vida tranquila y satisfecha sin necesidad de las grandes preguntas a las que responde la fe, no necesitará seguir buscando luces intelectuales y fuerzas morales para vivir la condición humana precaria.

Por un lado, los compromisos evangélicos son una opción por el carácter absoluto de Jesús y de la configuración con él. En este sentido implican una relativización de valores y realidades humanas muy valiosos: amor matrimonial, posesión de los bienes, gestión autónoma de la propia vida... No se renuncia a estas realidades humanas porque sean malas, sino porque siendo una vía de realización humana y evangélica, algunos se sienten llamados a la vía de los consejos evangélicos.

El enfoque no reside en la renuncia a algo negativo, sino en perspectiva de otra posibilidad humana de realizar el camino evangélico.

«Tengan todos bien entendido que la profesión de los consejos evangélicos, aunque implica la renuncia de bienes, que indudablemente han de ser estimados en mucho, no es, sin embargo, un impedimento para el verdadero desarrollo de la persona humana, sino antes, por su propia naturaleza, lo favorece en gran medida. Porque los consejos, abrazados voluntariamente según la personal vocación de cada uno, contribuyen no poco a la purificación del corazón y a la libertad espiritual, estimulan continuamente el fervor de la caridad y, sobre todo, como demuestra el ejemplo de tantos santos fundadores, son capaces de asemejar más al cristiano con el género de vida virginal y pobre que Cristo Señor escogió para sí y que abrazó su madre la Virgen. Ni piense nadie que los religiosos, por su consagración, se hacen extraños a la humanidad o inútiles para la ciudad terrena»[16].

La misma idea se reitera en documentos posteriores de la enseñanza del magisterio eclesial. La vivencia de los consejos evangélicos es un testimonio de su profundo significado antropológico:

«En efecto, la elección de los tres consejos evangélicos, lejos de ser un empobrecimiento de los valores auténticamente humanos, se presenta más bien, como transfiguración de estos. Los consejos evangélicos no han de ser considerados como una negación de los valores inherentes a la sexualidad, al legítimo deseo de disponer de los bienes materiales y de decidir autónomamente de sí mismo. Estas inclinaciones, en cuanto fundamentadas en la naturaleza, son buenas en sí mismas. La criatura humana, no obstante, al estar debilitada por el pecado original, corre el peligro de secundarlas de manera desordenada. La profesión de castidad, pobreza y obediencia supone una voz de alerta para no infravalorar las heridas producidas por el pecado original, al mismo tiempo que, aun afirmando el valor de los bienes creados, *los relativiza*, presentando a Dios como el bien absoluto»[17].

Los consejos evangélicos implican un estilo de vida que constituye un signo y un testimonio contra algunas idolatrías de la sociedad capitalista actual: el poder, el consumo, el instinto, la posesión[18]. Desmitifica su poder, pretendidamente absoluto. Denuncia su fragilidad. Los consejos evangélicos buscan la santificación y proponen una «terapia espiritual» para la humanidad[19].

---

[16] *Lumen gentium*, n. 46.
[17] *Vita consecrata*, n. 87.
[18] *Vita consecrata*, n. 88.
[19] Cf. *Vita consecrata*, n. 87.

El seguimiento de los contenidos de los votos favorece positivamente la realización y el desarrollo de la persona humana; los votos son:

— Un camino de liberación de la esclavitud con respecto a los bienes, ayudan a dominar la codicia de los deseos convertidos en supuestas necesidades. La senda de los consejos evangélicos tiene un sentido terapéutico: cura la condición humana y orienta los deseos insaciables, inducidos artificialmente. Son un «estallido de loca libertad» dentro de la cultura del control[20].

— Un camino de libertad, entendida no ya como libertad de, sino como capacidad de donación de la propia vida al servicio de los demás. Es libre el que libremente se da al otro. Es realmente libre el que ama.

— Un camino de amor, y la persona se realiza en la satisfacción adecuada de su necesidad de amar y ser amada. La vida votiva es una declaración y confesión de amor con el acento puesto en la gratuidad y en la universalidad. La virtud de la castidad modera el dinamismo posesivo de la sexualidad y enseña a vivir la identidad sexual como energía de relación y de apertura. La castidad desarrolla el dinamismo integrador de la sexualidad en la persona que es corporal y es espiritual. «Es promesa de inmortalidad. La castidad se expresa especialmente en la amistad con el prójimo… conduce a la comunión espiritual»[21].

---

[20] Timothy RADCLIFFE, «La vida religiosa después del 11 de septiembre: ¿qué signos ofrecemos?», en: *Pasión por Cristo, pasión por la humanidad* (Congreso Internacional de Vida Consagrada), Publicaciones Claretianas, Madrid 2005, p. 214.
[21] *Catecismo de la Iglesia católica*, n. 2347.

— Un camino de la fraternidad que implica comunión y comunicación; que promueve y estimula el encuentro interpersonal y la solicitud por los prójimos más necesitados. La historia personal de cada uno está entrelazada con la historia de los hermanos, de la familia y la sociedad. No somos los autores individuales de nuestra historia; la compartimos y la ponemos en manos de los hermanos.

— Un camino de conversión personal que comienza ya en el misterio de Cristo y de su reino e introduce en el dinamismo de evangelización de la propia vida. La metanoia requiere un combate espiritual en contra de los pecados capitales, que dura toda la vida, en contra de los ídolos que pugnan por ocupar el lugar del Dios de la vida en los corazones humanos. Visto positivamente la conversión entraña el esfuerzo por practicar las virtudes cardinales.

PARA LA REFLEXIÓN PERSONAL Y COMUNITARIA

1. ¿Cómo experimento las ganas de vivir?

2. ¿Cómo vivo la vocación al amor?

3. ¿Cómo vivo la tensión entre auto-realización y la donación?

4. ¿Desde dónde me valoro a mi mismo/a: éxitos, imagen, opinión de los demás?

5. ¿Cómo siento mi trayectoria personal?

6. ¿Cómo vivo mi historia, con gratitud, con aceptación, con rechazo…?

7. ¿A quién pertenezco?

8. ¿Soy persona de pocos amigos?

9. ¿Cómo son mis niveles de comunicación?

10. ¿Cómo es la comunicación y el diálogo en la comunidad?

11. ¿En qué medida me siento libre en la comunidad?

12. ¿Cuál es mi misión en la vida?

13. ¿Me siento feliz y fecundo en esta forma de vida?

14. ¿Cómo es mi tono vital más frecuente: de alegría, de tristeza, de enfado, de temor?

Capítulo II
Doce dimensiones de los votos

En este capítulo es importante tener en cuenta que los votos son entendidos con las mismas características, con las mismas orientaciones; aun cuando los contenidos sean parcialmente diversos. Esto confiere unidad y coherencia a su compresión y su vivencia, como podrá verificarse en los capítulos siguientes.

Los votos de las personas consagradas son siempre formas de dar respuesta a una llamada, a una seducción del Dios de Jesús; por tanto, son una respuesta personal, voluntaria y libre. Pertenece a su esencia. «Como respuesta al don de Dios, los votos son la triple expresión de un único sí a la singular relación creada por la total consagración»[22]. Antes que renuncia a valores humanos, la profesión de los consejos evangélicos es conformación con Cristo y «específica acogida del misterio de Cristo, vivida en la Iglesia»[23]. Además, en cuanto proyecto de vida, los votos constituyen una expresión peculiar de la vocación humana al amor, y a un amor de donación y entrega. Expresan el movimiento que va del «te amo porque te necesito» al «te necesito porque te amo», y de este, al «te amo porque te amo».

---

[22] *Elementos esenciales*, n. 14.
[23] *Vita consecrata*, n. 16.

Según una ya larga tradición eclesial los tres consejos evangélicos de pobreza, castidad, y obediencia son un compendio de todos los consejos evangélicos, y nosotros los consagrados los vivimos en forma de compromisos públicos y permanentes en un instituto o congregación reconocida por la Iglesia. Tratamos de comprender el sentido de los votos a través de los 12 puntos siguientes.

1. Dimensión trinitaria

Son *confessio Trinitatis*, vestigio de la Trinidad; reflejo de la existencia filial que nace del Padre del amor infinito[24]. La consagración religiosa, que es despliegue carismático de la consagración bautismal, implica una vida teo-céntrica, apasionada por Dios y por su reino. La forma de vivir esa pasión es la expresión de la virtud teologal de la fe y del amor; la relación con Dios es teologal. Dios Padre por el Hijo en el Espíritu nos consagra en su relación de amor filial. La relación de amor entre el Padre y el Hijo que constituye el Espíritu es participada en nuestra vida. Vivimos bajo la dinámica de la

Paternidad/maternidad de Dios Padre: generatividad, creatividad, amor paternal... *Fecundidad*;

Filiación del Hijo: procedencia, recepción, acogida, gratitud amor filial.... *Fidelidad*;

Relación del Espíritu: procedencia, amor recíproco, realización y respuesta... *Felicidad*.

---

[24] *Vita consecrata*, n. 21. «Este especial seguimiento de Cristo, en cuyo origen está siempre la iniciativa del Padre, tiene pues una connotación esencialmente cristológica y pneumatológica, manifestando así de modo particularmente vivo el carácter trinitario de la vida cristiana, de la que anticipa de alguna manera la realización escatológica a la que tiende toda la Iglesia» (*Vita consecrata*, n. 14).

Especialmente en su dimensión fraterna, la vida según los consejos evangélicos, vividos con el vínculo de los votos, está llamada a ser parábola y testimonio de la koinonía trinitaria en la vida cotidiana. Ello supone que la comunión fraterna es vivida como buena noticia para todos y cada uno de los miembros de la fraternidad.

La vida según los consejos evangélicos representa, de algún modo, un resumen de la economía de la salvación. Es respuesta de amor a la vocación de amor que nace de la Trinidad Santa en los corazones humanos. «Los consejos evangélicos son, pues, ante todo, un don de la Santísima Trinidad»[25]. El religioso organiza su forma de vida centrándose en el momento contemplativo de la fe en Jesucristo. Destaca la dimensión de adoración y de asombro, de acción de gracias. Es una fe doxológica.

2. Dimensión antropológica

Los votos son una forma de vivir la vida humana, de configurar las relaciones humanas. Suponen que la persona humana es corporal y relacional; por el cuerpo los seres humanos formamos parte de la cadena de los seres vivientes. Somos hijos de unos padres. Los votos constituyen un camino peculiar para vivir la felicidad y la realización de la persona humana. Estamos hechos de necesidades y posibilidades; las necesidades son al mismo tiempo potencialidades.

Tenemos necesidades:

Físicas: seguridad, alimentación, vestidos, vivienda.

Sociales: amar y ser amados, ser valioso y dignos, pertenecer, ser autónomos y libres.

---

[25] *Vita consecrata*, n. 20.

Transcendentales: realización, sentido, auto-trascendencia... tener un proyecto de vida que realizar.

No somos frutos del azar o de la casualidad; la vida humana tiene una dirección y un sentido. Hay en el corazón humano hambre y sed de totalidad, de incondicionalidad. Estamos habitados por una nostalgia de superación, de realización de las mejores potencialidades. Las preguntas inquietantes están siempre con nosotros: ¿Qué ando buscando? ¿Qué espero de la vida? ¿Qué le pido a la vida? ¿Qué forma quiero dar a mi vida? ¿Qué sentido tiene?

La búsqueda de la vida plena tal vez se puede inhibir; se puede reconducir a otros objetos; se puede negar. Se pueden domesticar nuestros anhelos. Se diluyen en los supermercados del consumo. Pero están tenazmente en nosotros. A partir de ellos la atracción y fascinación por Jesucristo se concreta en la entrega de sí mismo al seguimiento e imitación del Maestro. El discípulo se deja formar y transformar por el Maestro. Ya no se contenta con cualquier realización de la existencia personal; se pone en camino de hacer nacer y entregar lo mejor de sí mismo al servicio de los demás. Se convierte en un hombre, una mujer, para-los-demás por causa de Cristo.

3. Dimensión cristológica

Los votos religiosos, en cuanto vivencia de los consejos evangélicos, son una forma de *configuración* con Jesús, el Cristo. Tratan de expresar la voluntad de vivir como Él vivió, amar como Él amó, esperar como Él esperó. La profesión de la vida evangélica según los votos expresa el seguimiento de Cristo, la imitación de su forma de vida histórica: son maneras de continuar los sentimientos del Hijo. Y también sus actitudes y sus prácticas históricas de comunión, servicio al reino, entrega de amor a la humanidad.

Los votos no son la única *forma de seguimiento*; constituyen una forma de ser cristiano, de parecerse a Jesucristo, de expresar la comunión de vida que tenemos en él, por él y con él. Por la profesión pública de los consejos evangélicos «nos asemejamos más al género de vida virginal y pobre que Cristo Señor escogió para sí y que abrazó su Madre, la Virgen»[26]. Los consejos evangélicos profesados mediante la profesión de los votos religiosos son una manera *de cristificación*, de configuración con la forma de vida de Jesús, el Hijo del Padre, enviado y ungido por el Espíritu. La vida consagrada, como vida filial al estilo de Jesús, revela su filiación, la paternidad del Padre y el amor del Espíritu[27]. «Los votos son también, en concreto, tres maneras de comprometerse a vivir como Cristo vivió en sectores que abarcan toda la existencia: posesiones, afectos, autonomía. Cada uno pone de relieve una relación con Jesús consagrado y enviado»[28]. Esta forma de vida evangélica constituye una «prolongación en la historia de una especial presencia de Jesús resucitado»[29]. Los consejos evangélicos expresados en forma de votos tienen una dimensión pascual, configuran con la redención y la liberación de la muerte por parte de Cristo[30].

Representan en la Iglesia la virginidad, la pobreza y la obediencia de Cristo. Mediante la Pascua las actitudes del Jesús histórico se convierten en contenido de su misterio permanente. Por eso puede ser representado existencialmente en la

---

[26] *Lumen gentium*, n. 46.

[27] *Vita consecrata*, nn. 1a; 16c; 18c, 21…

[28] *Elementos esenciales*, n. 15.

[29] *Vita consecrata*, n. 19; *Caminar desde Cristo*, n. 8.

[30] *Redemptionis donum*, n. 10a.

vida de la Iglesia. Su forma de vida histórica y pre-pascual es ahora la forma de vida del Resucitado, que por el Espíritu sigue actuando en la Iglesia y en la historia.

Acentuar la dimensión del seguimiento admirativo y apasionado de Cristo como alma de los consejos evangélicos tiene como consecuencia que no son ni la moral, ni siguiera la espiritualidad las que marcan el sentido más hondo de esta forma de vida. No es primeramente cuestión del deber de correspondencia ni de la búsqueda de perfección.

4. Dimensión comunitaria (eclesial)

«La profesión de los consejos evangélicos pertenece indiscutiblemente a la vida y a la santidad de la Iglesia»[31]. Los votos son formas de construir una fraternidad misionera ya aquí; son formas de compartir la fe, la misión y de pertenecer a la Iglesia de Jesús. El dinamismo de la vida bautismal estimula la unidad en la confesión de la fe y conduce a la comunión del amor. La vida consagrada no es un fenómeno histórico coyuntural; pertenece a la vida misma de la Iglesia. Es expresión de sus notas características: unidad, santidad, catolicidad y apostolicidad[32]. Desde esos dinamismos fundamentales, la Iglesia se va construyendo como comunión, es decir, como unidad en la diversidad, amor en la verdad, búsqueda en la fidelidad. Se edifica la Iglesia como un cuerpo a partir de los muchos miembros, puesto que ella es el cuerpo de Cristo.

---

[31] *Lumen gentium*, n. 44; *Vita consecrata*, n. 29.
[32] «El concepto de una Iglesia formada únicamente por ministros sagrados y laicos no corresponde, por tanto, a las intenciones del divino Fundador tal y como resulta de los Evangelios y de los demás escritos neotestamentarios» (*Vita consecrata*, n. 29; VC 63; VC 3).

La vida fraterna de personas adultas, iguales y seguidoras del estilo de vida de Jesús crea relaciones nuevas con las autoridades y poderes; con los bienes necesarios para la vida y con los prójimos.

La vida fraterna «se propone como elocuente manifestación trinitaria: manifiesta al Padre que quiere hacer de todos los hombres una sola familia; manifiesta al Hijo encarnado... manifiesta al Espíritu Santo»[33].

5. Dimensión misionera (apostólica)

La comunidad fraterna es ella misma misionera; no es un mero instrumento para la misión; es ya testimonio de la misión, es en sí misma misión. Y no se trata de que la vivencia de los votos haga más disponibles para la misión; no se trata solo de una disponibilidad en sentido utilitarista. Los consejos evangélicos son vividos con actitud de libertad liberada, de disponibilidad, de apertura a la universalidad, de gratuidad[34].

Hay, además, otro alcance de la dimensión apostólica. Tiene que ver con la apostolicidad de la Iglesia misma. Esta característica de la Iglesia consta esencialmente de la tradición apostólica en la doctrina de la fe y en el ministerio de los apóstoles que se continúa en la sucesión apostólica de los obispos. Pero además se continúa en la forma de vida apostólica. Pues bien, la vida consagrada es apostólica en el sentido de *apostolica vivendi forma*. «En Occidente el monacato es celebración de memoria y vigilia: memoria de las maravillas de Dios, vigilia del cumplimiento último de la esperanza»[35].

---

[33] *Vita consecrata*, n. 21.
[34] *Vita consecrata*, nn. 104-105.
[35] *Vita consecrata*, n. 27.

6. Dimensión liberadora/espiritual

La vida según los consejos evangélicos cuenta con que la vida humana está afectada por el pecado; como fruto del mismo pecado, el ser humano está disgregado en sí mismo, y desorientado con respecto a la finalidad última de su vida. La humanización de sí mismo, es decir, la integración y unificación personal es un proceso que implica combate espiritual; requiere esfuerzo y disciplina; requiere paciencia. La tentación de manipular a Dios está muy arraigada en el corazón desquiciado del hombre. Estamos hechos todos del mismo barro, y al mismo tiempo somos un milagro de la gracia de Dios. Pero necesitamos transformación. Profesar los consejos evangélicos en forma de votos es entrar en ese proceso de aprendizaje del amor oblativo, que contrarresta la tendencia egoísta del corazón humano. La vida evangélica según los votos libra de obstáculos e impedimentos para crecer en el amor; por la virginidad se ensancha el corazón. La pobreza libera el corazón de la esclavitud del tener; la obediencia implica poner la confianza en manos del Padre[36]. Profesar los consejos evangélicos en forma de votos públicos es entrar en un proceso de liberación. Se trata de un itinerario hacia una vida humana realmente libre y plena.

Por la profesión del estilo evangélico de Jesús, el creyente entra en un proceso de encarnación y de kénosis a imitación del camino vital de Jesús hacia la cruz, que es la abreviatura de su vida y de su actitud. Los consejos evangélicos, abrazados en forma de votos religiosos, implican el seguimiento de la forma de vida y de acción de Jesús, y ello incluye rectificar la vida humana desquiciada por el pecado, es decir, por la tendencia a poseer en lugar de compartir, a dominar en lugar

---

[36] *Caminar desde Cristo*, n. 22.

de promover, e imponerse sobre sobre los demás en lugar de
ayudarles. El seguimiento de Jesús implica acompañarle por
el camino de la humildad y del anonadamiento. El camino
evangélico de los consejos implica renuncia y desasimiento.
Incluye la dimensión redentora del amor, siguiendo la huella
de la cruz de Cristo.

7. Dimensión política

Los votos tienen una dimensión pública; son formas de
vida en este mundo, en esta sociedad. Constituyen formas de
protesta, de denuncia y anuncio. Son una manera de profecía
cultural. La vida consagrada, en medio de la sociedad, tiene la
función de fermento, por una parte, y de señalar alternativas
de vida, por otra parte; otro mundo es posible. La vivencia de
los votos introduce novedad en la historia humana. Se trata
de un modo original de situarse en la sociedad y en la historia. Tengamos también en cuenta que el sentido de nuestros
votos se percibe solamente mirando a la historia.La precariedad existencial y económica de la historia, sus esfuerzos, sus
búsquedas: la pobreza.

La complejidad de la historia, reconocimiento de la diversidad y del mundo habitado por muchos, y, así, la necesidad
de obedecer, o sea, de escuchar intensamente, reconocer y tomar la iniciativa: la obediencia.

El nombre de Dios, que ya no es propiedad nuestra, sino
de la vida, y, por tanto, la búsqueda de nuevas formas de relación con los demás: personas, culturas, religiones: la no violencia humana y cósmica: la castidad"[37]. Profesar los consejos

---

[37] Antonietta Potente, «¿Qué ves? Ahora es cuando…», en: Jesús María
Alday (ed.), *Un futuro para la vida consagrada*, Publicaciones Claretianas,
Madrid 2012, p. 99.

evangélicos mediante los votos religiosos es una manera de confesar: otro mundo es posible. Es una forma de vida que constituye una protesta frente al mundo inhumano[38]. Crean proximidad entre las personas y suscitan solidaridad entre los diferentes, atestiguando la apertura de mente y corazón, es decir, la apertura católica. No se trata, pues, de separarse del mundo, de aislarse en comunidades cerradas, dentro de una Iglesia que también se cierra a la integración en un mundo que suelen llamar post-cristiano; se trata de formar comunidades-contraste, que, por su misma presencia en la sociedad, anuncian y denuncian, visibilizan que es posible un mundo más fraterno.

8. Dimensión ecológica

La forma de vida religiosa representa un modo de estar en la Iglesia, un modo de significar y estimular la vocación cristiana común. Esta vocación cristiana común implica la misión en el mundo. Los cristianos consagrados al servicio del Dios del reino y del reino de Dios establecen con la creación entera una relación de admiración y de sanación. La creación entera es amada por Dios; es el mundo creado por Dios como expresión de su vida y de su amor. Ellos están llamados a desarrollar el cuidado de la creación; en lugar de dominación, contemplación. La relación de los consagrados con el mundo tiene que tener estas tres características:

Empatía, es decir, amar al mundo como mundo al que Dios ama y al que Cristo ha redimido; estar en el mundo sin ser del mundo; estar en el mundo para Dios.

---

[38] *Caminar desde Cristo*, n. 33.

Simpatía, es decir, simpatizar con los que trabajan por hacer un mundo más justo, más humano; participar activamente en la lucha por la justicia desde la propia forma de vida; celebrar los éxitos del progreso científico y de las conquistas sociales.

Sincronía, acompañar los tiempos de las personas y de la sociedad, sentir con ella, caminar con la sociedad en sus gozos y en sus esperanzas, en sus heridas y sus sanaciones.

Los votos son formas de vivir la relación con la creación, de cuidar la creación. Los consejos evangélicos en su finalidad esencial sirven para «renovar la creación»[39].

9. Dimensión simbólica

La profesión de los carismas evangélicos de pobreza, castidad y obediencia constituye una forma de vida significativa. Las personas que viven este estilo de vida constituyen un signo y profecía en acción en nuestra sociedad. Muestran la primacía de Dios, incluso en un mundo secularizado; mediante la opción por los pobres y la lucha por la justicia, su vida ejerce una función profética en el pueblo de Dios. Siendo auténticos testigos de la forma de vida de Jesús, los religiosos adquieren una función pedagógica para el conjunto del pueblo de Dios[40]. La vida consagrada brota de la naturaleza sacramental de la Iglesia entera, que, a su vez, es continuación de la transparencia de la humanidad de Jesús. Pone de relieve el carácter de signo visible de la novedad del evangelio. Apuesta por configurar la vida entera en el horizonte de la primacía de Dios. Se propone ser profecía evangélica, atenta a los signos

---

[39] *Redemptionis donum*, n. 9.
[40] *Caminar desde Cristo*, n. 1.

de los tiempos y de los lugares, que reclaman novedad, coraje y creatividad[41].

10. DIMENSIÓN CARISMÁTICA

Los consejos evangélicos, en realidad, son dones del Espíritu que cautiva para vivir de esta manera. Son gracias de la Gracia. La existencia crística de todo bautizado e iniciado en la fe cristiana se concreta según los carismas del Espíritu. Estos se van dando en la historia para actualizar la memoria de la vida de Jesús y estimular la misión evangelizadora. El carisma de fundador de vida consagrada implica una experiencia del Espíritu; tienes rasgos de originalidad y novedad. Los fundadores y fundadoras respondieron a los desafíos y dificultades de su tiempo «con genuina creatividad carismática»[42]. El don carismático se concreta en la práctica del amor al prójimo; pero no se agota en ella. El carisma es más fecundo que las obras y estructuras que lo hacen visible en un tiempo determinado[43].

11. DIMENSIÓN TEOLÓGICA

Los votos son una manera concreta de expresar la fe, el amor y la esperanza en el Dios de la vida. Son un modo concreto de manifestar y configurar en la historia la fe en el Dios de Jesús, la relación de confianza y alianza con este Dios de la vida. Los votos son acto teologal, son adoración y doxolo-

---

[41] *A vino nuevo, odres nuevos*, n. 32.
[42] *Caminar desde Cristo*, n. 13.
[43] Cf. Fabio CIARDI, *A la escucha del Espíritu. Hermenéutica del carisma de los fundadores*, Madrid 1998; J. M. R. TILLARD, *La vida religiosa, vida carismática*, Madrid 1977.

gía[44]. Esta relación se expresa como consagración activa y pasiva: ser consagrados, y consagrarse a sí mismos. La profesión religiosa es una confesión de fe: reconocer a Dios como señor de la vida personal; dejar a Dios ser Dios; es una forma de luchar contra la idolatría y confesar el monoteísmo: Dios es el único señor de la vida, es el único, el absolutamente amado, buscado…

Según el profeta Miqueas la relación con Dios incluye ya la dirección de los votos: «Solo te pido esto. Que practiques la justicia (pobreza), que ames con ternura (castidad) que camines humildemente con tu Dios (obediencia)» (Miq 6,8). Reconocer a Dios, su transcendencia y santidad, implica redimensionarse a sí mismo; aceptar la propia verdad y fragilidad; dejarse salvar y dejarse agraciar por el Dios amor. La relación con Dios implica también el padecer a Dios, padecer su transcendencia, su silencio y su misterio. Dios no se deja manejar ni sobornar. Ante Dios me reconozco necesitado y menesteroso. Los votos religiosos son la pública confesión de la absoluta primacía de Dios sobre las cosas. Llevan en sí mismos la dimensión contemplativa del misterio transcendente del rostro de Dios y, al mismo tiempo la dimensión de la intercesión. Son formas de adoración del Dios Santo y de súplica ardiente. La vida votiva y consagrada de por vida es testimonio de la confianza absoluta puesta en manos de Dios. En este sentido es epifanía del amor de Dios y diaconía de la caridad que adquiere una nueva imaginación a través del tiempo.

---

[44] J. M. R. Tillard, *La vida religiosa, vida carismática*, Madrid 1977, p. 59.

12. Dimensión escatológica

Los votos constituyen la trama de una forma de vida fraterna que intenta anticipar el futuro que esperamos, intenta significarlo; son una forma de *sacramentum futuri*. Los votos son un grito hacia la consumación que esperamos. Señalan pistas del futuro definitivo que nos espera. Y ello es posible gracias a que la salvación se ha hecho ya irrevocablemente presente en nuestra historia; la gracia en medio del pecado; lo definitivo en lo provisional. La dimensión escatológica que significan y expresan los votos religiosos se entrelaza con la visión histórica de la vida humana. Una de las metáforas más expresivas y frecuentes que expresan este sentido es la del viaje. La vida es un viaje, una peregrinación hacia alguien. Es puesta en marcha y movimiento hacia el futuro. No tenemos aquí ciudad permanente, sino que buscamos la ciudad futura. Estamos de paso en este mundo. Esa clara conciencia no conduce al desprecio de la acción humana en el mundo. La Escatología cristiana no devora a la historia; ni la historia devora a la Escatología.

Para el trabajo personal y comunitario

1. ¿Qué pienso sobre las ideas de este capítulo?

2. ¿Cuáles son los motores de mi vida?

3. ¿Tengo clara mi identidad religiosa?

4. ¿Cómo experimento el significado profético de los votos?

5. Según mi experiencia, ¿cómo estimulan los votos el crecimiento personal y espiritual?

6. ¿Cómo es mi imagen de Dios actualmente?

7. ¿Cómo vivo mi pertenencia a Jesucristo?

8. ¿Qué me llama más la atención en la historia de Jesús: palabras, gestos, milagros, enseñanzas, actitudes…?

9. Como personas consagradas, ¿somos memoria viviente de la forma de vida de Jesús en la cultura actual?

Capítulo III
Voto de celibato por el reino de Dios

Celibato significa vida célibe y amor célibe. Es el celibato una aventura de amor. Es cuestión de vivencia y calidad del amor interpersonal. Se suelen utilizar indistintamente las palabras castidad, virginidad, celibato. Pero en realidad tienen distintos significados y usos.

Castidad es el nombre de una virtud que incluye a todas las formas de vida cristiana. Existe una castidad matrimonial y una castidad propia del celibato. Castidad es la virtud que preserva la autenticidad del amor y la fidelidad de las personas entre sí. La castidad es respeto y trasparencia de las relaciones. El hombre o la mujer casta trabajan por no utilizar al otro, por no manipularse ni dominarle en el ámbito de la sexualidad. Es preciso evitar la expresión «castidad perfecta» para designar la castidad de los célibes por el reino de Dios[45]. También un matrimonio está llamado a vivir una castidad perfecta. En la forma de vida matrimonial la castidad significa que las relaciones conyugales están caracterizadas por la transparencia, la donación, la libertad del amor y de la entrega mutua, la inte-

---

[45] Lucie LICHERI-Jeannine MARRONCLE, *La castidad. Una actitud cristiana básica*, Madrid 2002; Donald GOZZENS, *Freeing Celibacy*, Manila 2007; Barbara FIAND, *Luchando con Dios. La vida religiosa en busca de su alma*, Madrid 2002.

gración entre la entrega personal y la expresión corporal de la misma. Es una manera de vivir el amor conyugal.

La virginidad significa ausencia de relaciones sexuales tanto en el varón como en la mujer. Pero en la práctica se trata de una categoría con significado sobre todo para la mujer. En algunas culturas el hecho de llegar virgen al matrimonio es muy apreciado en una mujer. En la exposición que sigue doy preferencia al nombre de celibato por el reino de Dios.

1. Contexto actual sobre la castidad

Las palabras castidad, virginidad, celibato, tienen hoy mala prensa. La cultura actual ha dado aquí un vuelco total. La castidad ha pasado de ser un valor de excelencia social y espiritual a ser un desvalor.

1.1. Sexo sin amor

Hay quien separa totalmente el amor del sexo; serían dos dimensiones que no tienen casi nada que ver. La experiencia de la intimidad sexual se hace pasar como señal de progreso y liberación. El imaginario colectivo presiona con tal fuerza que hace sentirse ridículos a los que no tienen relaciones sexuales cuando llega la edad de la juventud. Esto mismo se propone como lo más normal desde los medios de comunicación y redes sociales. Para muchos jóvenes el tener relaciones sexuales esporádicas se ha hecho normal; su falta aparece como algo anormal, sospechoso. Dicen que tener relaciones sexuales es potenciador y enriquecedor; y su carencia es señal de ser todavía niños.

La virginidad no está de moda. «La virginidad produce cáncer, vacúnate», se leía en algún grafiti. Entre los jóvenes, si uno dice que no ha tenido relaciones sexuales, la mayoría piensa que es mentira o que es un reprimido sexual. Lo miran con desdén. Lo tachan de retrógrado, puritano; dicen que no sabe disfrutar de la vida.

En las sociedades secularizadas, la virginidad es actualmente un tema irrelevante, y trivial, al menos aparentemente. No tiene la mínima importancia; es un asunto puramente privado e intranscendente. Se mira incluso con conmiseración: ¡pobre hombre! ¡Pobre mujer! ¡Se priva de lo mejor de la vida! En efecto, da la impresión de que la intimidad sexual no tiene realmente implicaciones personales ni afectivas para ellos y ellas. Se limita a lo placentero; está del todo desvinculada de la afectividad; no implica ni compromiso ni donación personal. El cambio es tal que actualmente hay gente que piensa que lo desviado y peligroso es la continencia; dicen que genera personas intolerantes.

1.2. Sexo como expresión de amor

En este clima de trivialización de la sexualidad, será bueno recordar la respuesta de M. Gandhi cuando le preguntan por los factores que destruyen al ser humano y responde que uno de ellos es «el placer sin compromiso». Está en juego la dimensión personal de la sexualidad.

Es muy importante afirmar el sexo en su carácter humano, libre, comunicativo. Y eso lo ha favorecido la evolución actual. Ha traído liberación sexual. Brinda la posibilidad de personalizar el ejercicio de la sexualidad. Conocemos mejor su naturaleza genética, biológica, evolutiva, psicológica. Nuestra sociedad actual ha conseguido metas muy significativas de igualdad entre hombres y mujeres. Ello ha facilitado la vivencia positiva y gozosa de la relación sexual, lejos de la dominación y del temor al embarazo. Como toda relación interpersonal, también esta puede ser una lucha por el poder o puede ser una sublime experiencia de donación y entrega a la persona amada.

En este sentido, los matrimonios más conscientes, fieles y maduros, testimonian abiertamente que la sexualidad y el amor son dos dimensiones inseparables. Hacer el amor sin expresar la ternura y la íntima pertenencia personal se puede convertir en una gran experiencia de vacío, de manipulación y utilización. En la vida matrimonial, los mayores sentimientos de soledad están vinculados a un ejercicio de la sexualidad sin comunicación personal.

El ser humano es esencialmente corporal. Es también dual. El cuerpo humano del hombre y la mujer tiene un significado esponsal. Como expresión de esa dinámica creatural, los matrimonios confiesan que la relación sexual genital vivida como expresión del amor total y del abandono confiado puede convertirse en una experiencia muy cercana a la experiencia religiosa.

Hemos constatado que, en el ambiente actual, para mucha gente el ejercicio activo de la sexualidad se ha convertido en el símbolo del disfrute y la felicidad, por eso el celibato por el Reino es un sinsentido. Está lleno de sospechas. Muchos consideran que es imposible[46]. Por otro lado, la práctica del celibato se ha hecho más difícil en una sociedad erotizada. De hecho, se calcula que unos 100.000 sacerdotes se han secularizado después del concilio Vaticano II. Este dato no significa

---

[46] «Las personas consagradas manifiestan que lo que muchos creen imposible es posible y verdaderamente liberador con la gracia del Señor Jesús… Este testimonio es necesario hoy más que nunca precisamente porque es algo casi incomprensible en nuestro mundo», *Vita consecrata*, n. 88.

que la promesa y obligación del celibato haya sido la causa única, pero tiene que ver con el alto número de abandonos[47].

Si miramos a la relación conyugal, resalta la inestabilidad y la fragilidad. Durante un período de tiempo prevalecen las parejas de hecho. Las separaciones y los divorcios están creciendo de manera constante. Las leyes facilitan el divorcio; en algún estado se puede hacer por Internet a bajo precio.

Estos cambios culturales plantean con radicalidad la pregunta: ¿vale la pena el amor fiel y creativo en el matrimonio? ¿Vale la pena el compromiso de amor célibe para toda la vida? ¿Es posible amar así? ¿Alguien logra amar así? ¿Es el celibato por el Reino un carisma del Espíritu para conectar con el «aire» de Jesús, para familiarizarse con él y continuar su misión? ¿Es un carisma de relación con los demás y con Dios?

2. PUEDE SER MENTIRA EL CELIBATO RELIGIOSO

2.1. Es mentira el celibato entendido como renuncia al amor. Es mentira el celibato cuando hace incapaces de amor, de donación de amor y de vida. Cuando vacuna el corazón contra el afecto y la ternura. Y de esa manera evita el sufrimiento, puesto que el que no ama a nadie, no sufre. Pero el precio es demasiado alto: el que no ama no vive realmente vida humana. A esta posición afectaría de lleno aquella crítica acerada contra el celibato: «se imaginan que aman a Dios porque no aman a nadie». El celibato por el reino de Dios, libremente elegido o aceptado, no es negación de la afectividad.

2.2. Es mentira el celibato como forma de hacer carrera. Ello implica llenar el vacío del corazón en la búsqueda de poder, de influencia. Tengo que dedicar toda mi vida al éxito

---

[47] Antonio SIGNES, *¿Por qué nos salimos? Los secularizados*, Valencia 2008.

personal y profesional. No tengo tiempo ni energía para los afectos conyugales y paternales. El ser humano es lo que logra, lo que hace; no se definiría por lo que ama. La codicia del éxito hace que todo lo demás sea muy secundario. El celibato por el reino como forma de amor se desnaturaliza como forma de buscar el poder y de ejercerlo. Suele adoptar la forma del clericalismo, que se expresa en autoritarismo, es decir, en sustituir la autoridad moral por el mando sobre los otros[48].

2.3. La mentira de la doble vida. La opción célibe no es vivida coherentemente. Hay muchas personas comprometidas al celibato que no lo viven totalmente. Son aparentemente célibes, pero no en el corazón ni en la vida privada. Se trata de una especie de escisión en la conciencia moral y pastoral. La persona vive desintegrada y dividida.

2.4. La mentira del celibato comodidad. Hay quien termina viviendo el celibato como una manera de vivir cómodamente. «El celibato corre el peligro de ser una cómoda soledad que da libertad para moverse con autonomía, para cambiar de lugares, de tareas y de opciones, para disponer del propio dinero, para frecuentar personas diversas según la atracción del momento»[49]. Cuando se vive de esa manera el celibato por el reino, prevalece la propia tranquilidad; uno termina por encerrarse en su mundo, en su pequeño mundo, en el cual se hace invulnerable al afecto y al sufrimiento. A las personas tímidas e inseguras la aventura del amor les da miedo. Supone un riesgo que toca su inseguridad. «La falta de afecto les da una sensación de inseguridad de la que procuran

---

[48] Cf. Gonzalo FERNÁNDEZ, «Los "otros" pecados contra la castidad»: *Vida religiosa* 94 (2003) 135-144.
[49] *Amoris laetitia*, n. 162.

instintivamente escapar dejando que los hábitos dominen por completo sus vidas»[50].

2.5. La mentira del celibato por miedo al compromiso. Hay quien tiene miedo al amor y al compromiso esponsal y paternal/maternal. Hay quien tiene miedo a vincularse incluso en relaciones de amistad. Les da alergia el comprometer su libertad en el amor a alguien, hombre o mujer. Entienden la libertad humana como independencia... y no como interdependencia y relación y comunión de personas. Por eso prefieren vivir en el aislamiento y en la soledad afectiva. A nadie hacen partícipes de sus sentimientos, de sus deseos y aspiraciones.

2.6. La mentira del celibato por miedo a la intimidad. Hay personas que sienten miedo a la intimidad con otra persona. Les da angustia la apertura del propio corazón a alguien. Tienen mucho temor a ser invadidos por otra persona; se autoprotegen; resultan tan selectivos y cautelosos que no encuentran a nadie con quien poder compartir la intimidad. La vida célibe se convierte en un refugio. Estas personas no quieren perder el control de la propia afectividad por ningún motivo. Tienen miedo a mostrar su vulnerabilidad personal. O bien tienen pánico a ser heridos y decepcionados, a ser controlados. Hay quien prefiere guardar la intimidad para sí mismo y para Dios. No experimenta el encuentro, la hondura de la propia comunicación de la intimidad. No son abiertos ni comunicativos. Así se evitan los posibles sufrimientos que surgen de la relación de amor: los celos, la inseguridad, la decepción, el miedo a la separación y al abandono, la soledad[51].

---

[50] Bertrand Russell, *La conquista de la felicidad*, Edición diario *El País*, Clásicos del siglo XX, Madrid 2003, p. 163.
[51] Cf. Thomas Moore, *Las relaciones del alma*, Barcelona 1995, p. 265.

2.7. La mentira del celibato por mera disciplina. Hay personas que razonan así: me he comprometido a esta forma de vida y quiero ser fiel a ella. He dado mi palabra y la cumplo. No se si me ayuda a ser más evangélico, a parecerme más a Jesús, pero tampoco me importa. Soy fiel a la palabra dada. No me planteo con rigor a qué he dado propiamente mi palabra. No me cuestiono mi forma de amar. Tengo miedo a encontrarme con mi vacío personal; me da pánico ver que nadie se interesa realmente por mí. Y a nadie intereso yo realmente.

2.8. La mentira del celibato mérito. Sería una posible realización la aspiración humana a sobresalir, a tener más que los demás, a ser más que los demás. También se expresa en forma de heroísmo ante Dios y los demás. Dios no necesita nuestros méritos. Nos salva por gracia mediante la fe y la confianza. Nos redime el amor. El celibato es un carisma del Espíritu; es una gracia de la Gracia. No proviene de la justificación por las obras de la ley. Lutero lo rechazaba precisamente porque sospechaba que era una forma de merecer el amor de Dios.

2.9. La mentira del celibato distancia. La cuestión crucial del celibato consiste en la calidad del amor. Y el amor implica relación. Pero hay personas célibes que buscan la distancia; se aíslan. No quieren revelar la intimidad de sus sentimientos, pensamientos, aspiraciones. No quieren que nadie se inmiscuya en sus vidas. No se dan a conocer ni se dejan influir. Cuando comparten en comunidad no dicen nada acerca de si mismos; pueden, en cambio, exponer ideas brillantes y opiniones muy sensatas. Tienen pánico a perder el control sobre si mismos: a dejar ver sus emociones fuertes. No quieren tener amigos; en la comunidad fraterna se hacen marginales y se encierran en su mundo. Son personas que viven solas en medio de la fraternidad o de la comunidad eclesial y eucarística. Se crean su propia soledad.

2.10. La mentira del celibato funcionarial. El celibato es cuestión de amor y de relación personal. Y el amor verdadero implica relación interpersonal, que supone identidad e intimidad o pertenencia. Hay célibes que se relacionan a través de su rol y de su función. No aparece la persona real. El rol y la función esconden los sentimientos de la persona.

2.11. Es mentira el celibato castración, es decir, que mata los sentimientos y deseos eróticos que constituyen un dinamismo importante de la vida y la relación humana. El atractivo de la sexualidad sigue presente en los célibes como una dimensión que incluye todas las capas de la personalidad y recuerda que el ser humano está hecho para la relación, que no es autosuficiente al margen de los demás; que no tiene la felicidad y el amor dentro de sí mismo, sino que tiene que buscarla en la relación. Reprimir el impulso de la sexualidad a vivir en relación entre hombres y mujeres suele desembocar en formas de agresividad, de criticismo y descontento. Mutilar la fecundidad de la vida lleva consigo el riesgo de incentivar el egoísmo y terminar en la triste insatisfacción.

La mentira del celibato como autosuficiencia e independencia: puede ser por parte del varón que se convence de que no necesita a la mujer. O de la mujer que llega a persuadirse de que es mejor evitar la relación con el varón. La vida célibe sería una manera de afirmar la propia independencia y el camino personal y único en la vida. Sería el camino singular hacia Dios. Esta forma de entender el celibato por el reino de Dios suele caer en la tentación de buscar el poder, pero disfrazado de orgullo individualista corporativo. Se marca la diferencia entre lo «mío» y lo vuestro.

3. La verdad del celibato por el reino de Dios

Voy a resumirlo en doce dimensiones del amor célibe. Un dodecálogo, entendido como un desplegable en forma de abanico, que nos muestra la riqueza y complejidad de la forma de vida célibe por motivos religiosos. El voto de castidad implica la promesa y el compromiso de vivir en continencia perfecta siguiendo las huellas de Cristo. Es importante tener en cuenta que no es solo cuestión de comportamientos célibes, de guardar el celibato o el voto de castidad. Es cuestión de la motivación y sentido del comportamiento[52].

3.1. Dimensión humana

El celibato es vocación y carisma de relación, es una forma de vivir el amor humano. El amor constituye nuestro origen y el fin de nuestra existencia. La necesidad humana de amar y ser amado es irrenunciable. Constituye el motor más fuerte y permanente de la vida humana. Es la llamada y vocación fundamental y de todos los seres humanos. Hemos sido creados para el amor. Gracias a esta necesidad humana fundamental, estamos destinados a vivir en relación. Vivir para nosotros es convivir. Existimos en relación. Comenzamos siendo hijos de alguien, tal vez hermanos de alguien. Y esa relación primera nos constituye como seres recibidos y seres en relación. Pero una relación poblada de deseos, de esperas y de apegos, y, por lo mismo, susceptible de conflictos, frustraciones, sufrimientos y rupturas. Además de esas dos relaciones de filiación y

---

[52] Cf. Juan María URIARTE, *El celibato. Apuntes antropológicos, espirituales y pedagógicos*, Santander 2015, pp. 109ss.

fraternidad, el amor humano tiene también el rostro de la paternidad/maternidad y el de la conyugalidad[53].

De entre las muchas dimensiones del amor relacional, la gratuidad es una aspiración profunda de nuestro corazón. Si bien es cierto que la mayor parte de nuestras acciones y relaciones están condicionadas sea por el interés, por el mérito, por la recompensa, por la posesión etc. todos necesitamos, en lo más hondo de nosotros mismos, experimentar el amor gratuito: soy amado por mi mismo, por el hecho de ser persona. Soy digno de amor. Hay en nosotros una aspiración profunda al amor incondicional. Sabemos, sin embargo, que el amor humano está lleno de esperas y dependencias, pide correspondencia, de alguna manera[54].

Pues bien, el amor célibe se propone poner existencialmente de manifiesto esta aspiración a la incondicionalidad. Quiere superar la reciprocidad que tiene su gran complejidad: te amo si me amas, o porque me amas; te amo si me admiras y me inventas e imaginas; te amo si me haces sentir deseado/a, te amo si me das el poder de poseerte y controlarte. Las relaciones amorosas son muy complejas. Hay quien tiene una experiencia muy negativa y piensa que «el amor es una mentira, pero funciona»[55].

---

[53] El documento latinoamericano de Puebla (1978) señala estos cuatro rostros del amor humano que se concentran en la familia: paternidad, filiación, hermandad, nupcialidad (n. 583).

[54] Enrique ROJAS, *El amor inteligente. Corazón y cabeza: claves para construir una pareja feliz*, Madrid 1997; ID., *Remedios para el desamor. Cómo afrontar las crisis de la pareja*, Madrid 1990; Jean VANIER, *Una nueva visión del amor*, Madrid 1982.

[55] Rosa MONTERO, *Amantes y enemigos. Cuentos de pareja*, Santillana, Barcelona 2000, p. 246.

Amar a alguien de manera célibe es mostrar que el amor puede hacer prevalecer la gratuidad sobre la reciprocidad, la donación sobre la gratificación, la universalidad sobre la singularidad. Puede ser un amor vivido en continencia perfecta y, al mismo tiempo, un manantial de fecundidad espiritual en el mundo.

El amor célibe constituye un proyecto de vida que trata de llevar el amor humano hasta sus más señeras posibilidades en los hombres y las mujeres. Amor afectivo y efectivo que se expresa con respecto a las personas singulares. Y también con respecto a los sistemas sociales y las estructuras.

La evolución cultural posmoderna ha mostrado con claridad la realidad de la separación entre sexo y procreación en virtud del uso de los anticonceptivos, de la extensión del aborto. Se ha extendido también la separación entre sexo y matrimonio, en cuanto se han generalizado las relaciones prematrimoniales y extramatrimoniales. El ejercicio de la sexualidad se ha privatizado y desnormativizado. Se hace opcional, sin complicaciones e implicaciones personales.

Muchas personas, sin embargo, siguen vinculando la sexualidad con el cariño y el amor, aun cuando no la vinculen al matrimonio. Incluso una vez vinculadas, en relación matrimonial siguen pensando que el amor fiel y exclusivo es el marco de la sexualidad, y que esta se realiza en la relación matrimonial.

La praxis del sexo sin amor se ha dado siempre; en los últimos tiempos se ha popularizado más; el sexo se ha trivializado. Se ha convertido en un objeto de consumo. La pornografía y el erotismo mueven muchos millones de Euros. El sexo suele ser un elemento del marketing de ciertos objetos.

Un efecto positivo de esta evolución puede ser la manifestación de la posibilidad de un auténtico amor sin sexo. El celibato precisamente se caracteriza por subrayar la primacía del amor sobre la expresión sexual del amor; la primacía del dar sobre el recibir, de la transparencia en la relación sobre la utilización del otro, de la ternura sobre el dominio. Por eso, la vivencia del amor célibe se convierte en una experiencia de alegría y libertad y en una buena noticia de humanidad. «Este testimonio es necesario hoy más que nunca, precisamente porque es algo casi incomprensible en nuestro mundo». Es un estímulo valioso «para la educación en la castidad propia de otros estados de vida»[56].

El amor célibe renuncia a formar una familia propia para servir a la familia universal de los hijos e hijas de Dios. Es un proyecto de vida que busca la felicidad como la buscan los que se unen y se casan. Se trata de un camino para aprender a amar al otro, que es diferente de mí; y al Otro. Como todo camino de crecimiento en el amor se encontrará con la tensión entre amarse a sí mismo y amar al otro; entre ser libre y hacerse dependiente del otro por amor; entre la soledad personal y la necesidad de comunicación y de comunión con otras personas. Y es que el camino de la relación de amor incluye una dinámica de purificación, maduración y unificación. Se trata de una larga marcha desde el egocentrismo a la oblatividad.

3.2. Dimensión cristológica

El amor célibe es una manera de seguimiento de Cristo: amar como él amó. El amor sintetiza la experiencia filial y fraterna de Jesús. A su vez, el amor con que Jesús nos ama

---

[56] *Vita consecrata*, n. 88. La afirmación doctrinal de que el celibato por el Reino es un bien y una ayuda para el amor matrimonial casto se comprueba mediante el testimonio de muchos matrimonios.

es expresión y encarnación del amor del Padre al Hijo en el Espíritu. Por eso, el mandamiento nuevo de Jesús consiste en amarnos como él nos amó (Jn 15,12).

Ahora bien, un momento cualitativamente característico de la trayectoria de Jesús es la cruz. La cruz simboliza la radicalidad de ese amor. Se afirma presente frente a la negación y la adversidad. Se trata de un amor amenazado y acosado.

Por eso es la cruz un símbolo genuino de la identidad cristiana. Y una prueba del auténtico amor cristiano, en su hondura, anchura, altura. Nos amó hasta el extremo (Jn 13, 1).

En su vicisitud histórica, Jesús se dedica con todo el corazón, con todas las fuerzas, con todo el amor, al proyecto del Padre, es decir, al reino de Dios. El proyecto del Padre unifica, concentra y libera todas sus energías, sus esperanzas, sus relaciones, su tiempo. El reino es la pasión y la motivación de su vida.

El amor célibe de Jesús es una forma de relacionarse que resulta *contracultural*, es decir, no es valorado en su tiempo. El aprecio social lo tiene la fecundidad. Ella da la posibilidad de entrar dentro de la cadena humana que lleva hasta el Mesías. Mientras en el Antiguo Testamento existe ya una espiritualidad de los pobres que ponen su confianza en Dios, no existe una espiritualidad del amor célibe. Tratándose de la mujer, el hecho de no tener hijos es vivido como un oprobio (Lc 1,25), como una deshonra (Gn 30,23: 1Sa 1,5-8).

El celibato de Jesús aparece como una *provocación*. Un hombre a su edad que no ha creado una familia propia, que tiene esposa ni hijos es extraño. Llama la atención. Continuar las genealogías no tiene interés para Jesús. Y la razón es que con él ha llegado ya el Mesías esperado. Ha terminado el tiempo de la espera y ha llegado el tiempo del cumplimiento.

Con él ha llegado la etapa definitiva de la historia de salvación. En ese contexto el amor célibe de Jesús adquiere un profundo sentido *escatológico*. La cercanía inminente del reino de Dios es el centro y el marco de la vida de Jesús. Se siente fascinado y enamorado del Dios del reino y del reino de Dios.

Ser célibe es seguir la pasión de Jesús por el reino de Dios. El amor célibe de los discípulos manifiesta especialmente la novedad y la radicalidad del seguimiento de Cristo bajo el influjo apremiante de su Resurrección.

Ser célibe es hacer visible el amor de Cristo. La vida entregada del célibe constituye un espejo que transparenta la forma entregada y gratuita de vivir y de amar del mismo Jesucristo. Por su parte, el amor conyugal íntimo, recíproco y fiel es verdadero sacramento del amor de Cristo a su Iglesia, es decir a cada uno de nosotros. Lo significa, lo actualiza, lo comunica. Remite a la relación de amor entre el Padre y el Hijo en el seno de la Trinidad Santa. Esa dimensión más honda no se logra de repente el día de la boda. Requiere pasar del sentimiento de amor a la decisión de amar, que se sobrepone a las desilusiones e integra las diferencias personales. La tarea dura toda la vida.

El amor célibe es amor que vive bajo la cruz y se recrea en la resurrección del Mesías crucificado. La dimensión de creatividad va muy vinculada a la dimensión de resistencia frente a la adversidad, el límite y la fragilidad.

El amor célibe brota del amor del Resucitado. Se nutre de la novedad inagotable de la resurrección. La Resurrección de Jesús hace histórica la historia, introduce una inagotable novedad de vida en la vieja carne de la historia.

El amor célibe es amor pascual y ello significa que es creatividad frente a la rutina; renovación frente a lo cotidiano;

descubrimiento del sentido en medio del dolor; felicidad en medio de la desgracia; vida en medio de la muerte. Y es así gracias a que en Cristo el amor ha sido sanado de las heridas de la vida y de la muerte. Ha sido sanado de la herida que produce el temor a la muerte y que esclaviza a este mundo (Hb 2,15); ha sido curado del carácter efímero de la vida misma. Cristo resucitado lo llena de definitividad y eternidad.

3.3. Dimensión formativa espiritual

Como todo amor, el célibe es una aventura relacional. Se construye en la vida cotidiana. Y tiene un precio: el camino del amor célibe requiere cuidados. Se necesita navegador para poder recorrerlo como un proceso de aprendizaje y maduración personal.

Hace salir del conformismo y de la pasividad. Constituye un proceso de unificación e integración de la vida fragmentaria y dispersa. En la agenda de este proceso entran la frustración, las limitaciones personales y colectivas, que nos revelan que vivimos en la historia y estamos a la sombra de la cruz. Es inevitable el combate contra el mal, el combate ascético… para aceptarse a sí mismo, para acoger la propia inutilidad e irrelevancia, la propia impotencia.

El amor célibe es «resistente»; se ejercita en la conciencia de la propia fragilidad, de la propia debilidad. Resistencia frente a la adversidad significa paciencia histórica, pero la paciencia de la esperanza que sintoniza con la paciencia de Dios, que se toma tiempo, que no tiene prisa. No la paciencia de la resignación ni del fatalismo.

A pesar de y a través del fracaso y de la fragilidad, la presencia de Cristo sigue transformando la historia personal, haciéndola una historia de salvación. El amor se va haciendo más libre, va superando los apegos y las esperas. El amor humano necesita purificación y maduración. Y este itinerario no está exento de sufrimientos y dificultades. Se trata de ir rompiendo las cadenas que esclavizan. El camino de la liberación del amor pasa por la ruptura y la oscuridad de la cruz. Incluye dolorosas experiencias de soledad; está sujeto a la tentación, al cansancio. Ya hace muchos años Alessandro Pronzato recordaba que en el proceso de la castidad «más importante que enseñar a portarse bien, hay que enseñar a orientarse»[57]. Y lo que realmente orienta es estar enamorado de Cristo.

La lógica de la creación y la lógica de la redención entran aquí en conflicto. El celibato pretende ser la afirmación de la gracia sobre la naturaleza. «¿De qué nos serviría haber nacido si no hubiéramos sido rescatados?» (Pregón pascual). No se trata de una pretensión de justificación por las obras y los méritos, como temía Lutero[58]. Desde el don de Dios el amor célibe muestra la primacía de la capacidad de dar amor sobre la demanda de recibir amor, es decir, de la gratuidad sobre la reciprocidad. En la práctica implica todo un arduo itinerario de purificación y de ascesis. La propuesta de amor célibe significa amar con verdad y con transparencia:

Amar sin dominar, sin crear dependencia activa o pasiva,
Amar sin poseer,
Amar sin utilizar,
Amar sin depender de la respuesta del otro,
Amar sin retener a los que amas,
Amar sin servirse de las personas amadas,

---

[57] A. Pronzato, *Pero yo os digo. Reflexiones conciliares para religiosas*, Salamanca 1969, p 163.
[58] Cf. Pedro Mª Gil, *De los votos a la misión. El tratado de Lutero sobre los votos religiosos. Presentación, texto y comentario*, Bilbao 2008.

Pasar del te amo porque te necesito, al te necesito porque te amo, al te amo porque te amo.

Este recorrido se necesita tanto en la dimensión teologal como en la dimensión interpersonal de hombres y mujeres. Es posible que en el camino de crecimiento aceche la tentación de dejar de amar: «el que no ama no sufre». Ello sugiere la conclusión de no querer a nadie para dejar de sufrir.

3.4. Dimensión teológica

El camino del amor célibe constituye un aprendizaje del arte de amar. El amor habita en el corazón humano como un deseo y dinamismo incoercible. Tiende a la totalidad; no se conforma con menos. El corazón humano es una inquietud insaciable. Las heridas del corazón humano claman por la plenitud. No se aquieta con menos.

El corazón humano tiende a poseer a Dios-amor infinito, quiere apropiárselo, ponerlo al servicio de los propios intereses, deseos, sueños; tiende a acaparar a Dios para la propia causa. Para ello se sacralizan las mediaciones de Dios, las ideas, los conceptos sobre Dios, las doctrinas reveladas.

Seguir el dinamismo de la auto-trascendencia es aprender a dejar a Dios ser Dios, aprender a dejarse guiar por su «misericordia entrañable». Dejarse guiar, inspirar y cautivar por el Dios que rompe todas las fronteras, y hace caer los muros de separación entre injustos e injustos, sabios e ignorantes. Es Dios mismo quien hace sentir la pasión por El. El mandamiento principal, reinterpretado por la mediación de Jesús y por el don del Espíritu se convierte el centro de la vida del célibe. No sustituye a otros amores; pero les otorga consistencia, radicalidad y armonía[59].

Vivir el voto de castidad implica confesar la primacía de Dios y la confianza en su sueño de amor por la humanidad y por cada persona. El voto de castidad lleva consigo la renuncia a la autosuficiencia individual, lo cual no implica menosprecio de sí mismo. Es necesario recordar que el amor a Dios y al prójimo no crecen en relación inversa; crecen en relación directa. No se trata de contraponerlos e incluso oponer. No se trata de dos amores que luchan entre sí como dos ciudades: *Amor sui usque ad contemptum Dei, Amor Dei usque ad cotemptum sui.*

Entrar en relación de amor con este Dios es radicalizar la conversión, el cambio de mentalidad: aprender la desposesión, la desapropiación, la gratuidad misericordiosa.

El camino de encuentro y relación con Dios supone por parte del célibe una gran pasión por Dios, por su belleza, por su amor gratuito e incondicional. El amor célibe pone de relieve una forma de amor universal, confiada, liberado, entregado.

Esta forma de amor se convierte en signo y testimonio del amor universal de Dios; no excluye a nadie; todos somos hijos y, por ende, hermanos.

El amor con que aman las personas célibes por el Reino es el sacramento del amor universal de Dios. Recuerda y hace visible en la Iglesia que el corazón humano está diseñado para la

---

[59] Resulta significativo que el afecto interpersonal que los místicos prefieren para expresar su relación con Dios no es el amor de amistad, ni siquiera el amor filial; es el amor conyugal. Y lo es debido a su carácter de totalidad (cf. *Amoris laetitia*, n. 142).

totalidad del amor. Por eso solo Dios puede satisfacer plenamente el amor del corazón humano; los demás amores serán reales y verdaderos, pero parciales y, en el fondo dolorosos. Nos purifican y nos podan, y nos abren al amor siempre mayor con que somos amados.

En la tradición espiritualista se suele poner de relieve que para el célibe Dios es como el único esposo; requiere un amor exclusivo, fiel, y total en cuerpo y alma; se insiste en que Dios centra de tal manera la vida afectiva del religioso que no necesita de otros afectos. Todo lo que ama es en Dios y por Dios, como expresión del amor a Dios y como motivación por amor a Dios.

En la misma línea, pero en sentido inverso, se propone, más o menos explícitamente, que el afecto conyugal y sexual y la práctica de la relación sexual hace disminuir la energía espiritual; por eso en la vida matrimonial se daría una cierta contradicción. En el fondo puede haber un pesimismo antropológico respecto a la sexualidad y a la relación entre hombres y mujeres, y desde ahí se lee el texto de san Pablo sobre el corazón indiviso[60]. «El no casado se preocupa de las cosas del Señor, de cómo agradar al Señor» (1Co 7,32)[61]. La conocida expresión paulina no se puede entender de forma exclusiva, sino inclusiva. El amor de Dios, si se trata del Dios de Jesucristo, incluye la creación y la historia de la salvación. Si no fuera así los esposos cristianos tendrían siempre el amor dividido. Pero la verdad es que el amor matrimonial es sacramental. Y lo es en la medida en que se trata de un amor fiel, íntimo, definitivo y responsable entre hombre y mujer. Constituye

---

[60] Cf. E. Schillebeeckx, *Celibato ministerial*, Salamanca 1968.
[61] Cf. Manuel Orge, *¿Es posible la virginidad? Criterios paulinos para el discernimiento*, Madrid 2001.

un sacramento de la alianza de Cristo con la Iglesia, es decir, significa, actualiza y comunica el amor de alianza de Cristo con la Iglesia, es decir, con todos y cada uno de nosotros. La relación entre la forma de vida célibe y la forma de vida matrimonial no se puede expresar en términos de superioridad o de inferioridad. Son dos formas de vida cristiana complementarias. Se ayudan, se estimulan y se iluminan la una a la otra[62]. Hay que superar la idea de los estados de perfección por la idea de la perfección de los estados.

3.5. Dimensión misionera

El amor célibe es participación en el amor apasionado de Jesús por el reino de Dios. Es amor que no solo entrega acciones, tiempos, energías, fragmentos de la propia vida. Configura la vida entera. Es un amor total.

El símbolo cristiano del reino de Dios es la mesa compartida: así lo señala Jesús en su cena de despedida. También en sus parábolas. El reino se parece a una mesa compartida, mesa de solidaridad, del encuentro y de la comunión[63].

El amor célibe tiene dimensión misionera; es expresión de la nueva fraternidad de todos en torno a la mesa del reino. Participa de las cuatro dimensiones en que se estructura la actividad misionera de la Iglesia: martiría, koinonía, leiturgía, diaconía (didascalía). El amor célibe constituye un testimonio del amor de Dios, es decir, constituye un reflejo del amor incondicional y gratuito con el que Dios nos ama.

El amor célibe lleva al contacto con el dolor de los oprimidos, y en ese sentido, forma parte de la diaconía del amor y de

---

[62] *Amoris laetitia*, nn. 158-162.
[63] Cf. Rafael Aguirre, *La mesa compartida. Estudios del NT desde las ciencias sociales*, Santander 1994.

la esperanza que la Iglesia propaga en virtud del mandado de Jesús. En la experiencia del dolor personal y colectivo, corporal y social se renueva el amor célibe. Como amor compasivo y dolorido. La experiencia del dolor confiere motivación y significado al amor célibe.

El amor célibe hace disponible para la evangelización. La historia de la vida consagrada es una muestra de esto. Así lo reconocía el papa Pablo VI[64]. La tradición de la Iglesia latina lo ha tenido en alta estima también para los sacerdotes. «Como señal y estímulo de la caridad y como manantial extraordinario de espiritual fecundidad en el mundo»[65].

Siendo cierto que la vida célibe favorece la disponibilidad para la misión, que es un «medio eficacísimo» para el servicio divino y las obras de apostolado[66], hay que reconocer que esa no es suficiente justificación de la opción por esta forma de vida. No basta la dimensión funcional. El amor célibe por el reino de los cielos suscita personas cercanas, accesible, libres.

3.6. Dimensión fraterna

La inspiración fundamental brota del hecho que Jesús históricamente ha expresado la unidad entre al amor a Dios y el amor al prójimo. Los dos mandamientos se funden en uno solo: amar a Dios y al prójimo. Desde la experiencia y la aportación de Jesús son inseparables.

El amor célibe hace prevalecer el amor fraterno sobre el amor esponsal. Respeta las personas y las cosas; no trata de poseer, ni se deja poseer; es amor desprendido y libre; abierto

---

[64] *Evangelii nuntiandi*, n. 69.
[65] *Lumen gentium*, n. 42, citado en *Pastores dabo vobis*, n. 29.
[66] *Perfectae caritatis*, n. 16.

a todos y desinteresado[67]. Crea fraternidad e igualdad[68]. Posibilita una relación entre hermanos; acentúa el afecto fraterno y amistoso y no cultiva el afecto conyugal, paternal/maternal. Brota de un corazón que se da y no de un cuerpo que se priva. El voto de castidad por el reino canaliza la energía sexual hacia los lazos de la fraternidad evangélica. No es solo cuestión de continencia; es cuestión de la calidad del amor. El célibe, que crece en la virtud de la castidad, se relaciona con la otra persona con respeto sabiendo que es sagrada. El voto de castidad por el reino es una manera de hacer posible y visible la koinonía de la vida, de los dones, de los bienes, de los caminos. «La virginidad tiene el valor simbólico del amor que no necesita poseer al otro, y refleja así la libertad del reino de los Cielos»[69]. Surge de la entraña de la Iglesia, entendida como la esposa de Cristo, entregada a Él como una virgen casta (2Co 11,2). Tras esta metáfora conyugal está la experiencia y la idea de la alianza entre Cristo y su pueblo consagrado por Él y a Él.

Hemos visto que la sexualidad es una fuerza de la relación. Nuestra sexualidad es un signo de cuánto anhelamos la comunión con otras personas. Implica un anhelo de ser vistos y tocados, sostenidos por el afecto de otras personas; es uno de los anhelos más profundos de nuestro corazón. Los deseos y atractivos sexuales son como señales tangibles de nuestro deseo de comunión con el todo.

---

[67] *Vida fraterna en comunidad*, n. 44.
[68] Thadee MATURA, *Celibato y comunidad*, Madrid 1972; Bernardo OLIVERA, *En el centro, el amor. Pensamientos para integrar la vida consagrada*, Madrid 2006; Lucie LICHERI, «Dimensión fraterna y misionera del carisma del celibato», en: Bonifacio FERNÁNDEZ-Fernando PRADO (eds.), *Celibato por el Reino: carisma y profecía*, Madrid 2003, pp. 295-307.
[69] *Amoris laetitia*, n. 161.

La forma célibe de vivir el amor es una manera de organizar la relación con los demás. Cuando el celibato se vive en comunidad, potencia el amor fraternal o sororal sobre el amor paternal o filial. Desarrolla el amor recíproco, la relación de amistad. Favorece la integración y la harmonía personal. Cada comunidad que vive sin reservas el amor mutuo manifiesta un signo luminoso de la Jerusalén celeste[70].

La vida fraterna en comunidad, por su parte, es también un ejercicio de vida en relación y un aprendizaje del crecimiento en las relaciones de afecto. La necesidad de amar y ser amados la lleva en sí mismo todo ser humano, y tiene que ser satisfecha para encontrar el equilibrio y la realización personal. La fraternidad es una escuela de amor altruista: aceptar a las personas diferentes en sus ideas, en sus ritmos, en su cultura. Aceptar y amar al otro en su singularidad y en su diversidad es un camino donde ejercitar la donación sobre la gratificación del mismo amor.

3.7. Dimensión crítica

El amor célibe excluye el afecto conyugal y paternal-maternal, excluye las relaciones de pareja de hecho y de derecho, heterosexuales y homosexuales. La persona célibe por el reino de Dios no se casa con nadie para ser libre y entregarse totalmente a la causa de Dios, a su sueño para con todos: crear la gran familia de hijos y hermanos. La vocación al amor célibe por imitación y seguimiento de Cristo parece ser una vocación minoritaria. Son pocos los que reciben este carisma evangélico. Por el hecho de ser una pequeñísima minoría el grupo de los célibes aparece como excepcional, a-normal.

---

[70] *Vita consecrata*, n. 45.

Especialmente en esta sociedad el testimonio del amor célibe se convierte en un contraste, en un elemento de contracultura. Muchos piensan que el ejercicio de la sexualidad es un derecho y una necesidad para el equilibrio emocional. Denuncia las formas de desamor y el miedo a la diferencia que se expresa en la intolerancia y en la exclusión. Si vivir el voto de castidad es hacer visible, de alguna manera, el amor universal de Dios tiene que llevar a la comunión y a la integración de lo diferente. De hecho, el amor célibe denuncia la situación de aquellos para quien el celibato y la continencia no son una opción, sino un destino impuesto por la naturaleza o por la historia personal. Vivir realmente el celibato implica tener un sitio especial en el corazón para aquellos que no han tenido la dicha de experimentarlo en su propia historia personal.

El amor de los célibes pone de manifiesto que es posible e incluso liberador lo que a muchos les parece imposible. Refleja la fuerza de la gracia de Dios en la fragilidad humana[71].

Representa un testimonio profético para la sociedad de hoy. A partir de la resurrección de Jesucristo la historia humana empieza a contar desde el futuro; es acercamiento al futuro prometido: la historia es el laboratorio del futuro; en ella se va experimentando ya el futuro que nos espera. Es la historia del futuro, de las posibilidades dormidas, de los proyectos aparcados, de la imaginación y la creatividad. Desde el Dios que hace posible lo que nos parece imposible el realismo de los hechos desnudos queda descalificado. El mundo está lleno de las posibilidades de la esperanza.

Como profecía y testimonio del futuro, el amor célibe se convierte en crítica del momento presente; no es razonable vivir el presente de espaldas al futuro que nos espera. En cam-

---

[71] Cf. *Vita consecrata*, n. 88.

bio, vivirlo desde «patria de la identidad» es deshacer las idolatrías del presente: la idolatría de la pervivencia por medio
del éxito, del placer, del tener.

3.8. Dimensión escatológica

El celibato del Jesús histórico representó una gran novedad. Formaba parte del mundo nuevo que vino a crear, cuyo
programa se concreta en las bienaventuranzas. El celibato de
sus seguidores constituye también una novedad desconcer-
tante. Es confesión de una gran esperanza. Es una manera de
dar futuro a la vida, es decir, dar futuro a la vida engendrada
por otros. No se entiende ni se justifica sino desde la esperanza en la vida eterna. La aspiración humana fundamental es
vivir, superar la amenaza de la contingencia que se hace manifiesta, sobre todo, en la muerte. La vida eterna, la salvación
eterna es la esperanza que anima la vida humana mientras
vivimos bajo la amenaza de la muerte y de la temporalidad
sucesiva. En perspectiva cristiana esa aspiración a la vida eterna es la huella de Dios en nuestro corazón humano. Podemos
discutir con Feuerbach si es el deseo de inmortalidad el que
inventa a Dios o es Dios el que suscita el deseo incurable de
inmortalidad. La perspectiva teológica es la segunda. Es Dios
el que crea al hombre capaz de vida eterna, necesitado de que
la muerte sea un mal. Vivir es luchar contra la muerte. Y tampoco se trata de lograr una vida interminable en cuanto a los
días del calendario[72]. Eso sería una condena y no situación de
felicidad. Presagiamos una vida eterna. Por eso luchamos contra la amenaza. Y son múltiples las maneras de luchar contra
la mortalidad de la muerte: la pervivencia en los hijos, en las
obras y creaciones, en el amor de los seres queridos. Se trata

---

[72] Cf. BENEDICTO XVI, *Spe salvi*, n. 10.

de una lucha paradójica: como el juego del ganapierde: el que pierde gana; la muerte es la condición de la resurrección.

Tal vez estas palabras de inmortalidad, vida eterna, salvación eterna suenan a demasiado grandes en los tiempos posmodernos. Tal vez en los oídos actuales se han cambiado por estas otras: vida buena, salud, juventud, bienestar, felicidad. Pero incluso en este tono menor la protesta contra la desaparición y la caducidad de la vida suscitan nuestra protesta y rebeldía. Hay quienes piensan que se trata de meras huidas de la dureza de la muerte; según ellos la esperanza en la resurrección sería solamente un placebo para curar el dolor de la desaparición de la persona; a los más un analgésico que calma el dolor de tener que morir. La religión en general sería una búsqueda de consuelo frente a la dureza del destino mortal.

La verdad es que la vida cristiana célibe se articula desde la esperanza en la resurrección de los muertos. Es esta esperanza lo que hace de la vida un camino provisional, y un camino de libertad. Precisamente porque el tiempo de la vida es corto y la muerte está siempre presente en la vida, la posibilidad y la promesa de la vida plena abre dimensiones nuevas e insospechadas. La esperanza de la vida eterna hace posible ya ahora lo que nos parece imposible. La promesa de la resurrección y la vida para siempre hace que la muerte sea algo provisional. No tiene la muerte la última palabra, no es el límite de la vida personal; es solo el límite de la peregrinación histórica. La esperanza de la vida se reafirma contra la muerte. La esperanza de la vida eterna no devalúa la vida presente; la trasforma. Muestra que nuestra historia personal es el campo donde brotan nuevas posibilidades; donde hay sorpresas, hay novedad y futuro. La vida personal no es mera repetición de lo mismo, es el laboratorio de lo nuevo, de la imaginación y la creatividad. La urgente esperanza del reino de Dios es lo que abre el espacio y hace posible el cambio. Y el cambio radical. Esto lo saben bien, a su nivel, y lo aprovechan los expertos en marketing. En algún aeropuerto podemos ver y leer anuncios como éstos: *follow your dream; Some see countries borders, we see market opportunities; We get the best from your resources; Good things should never end.* La verdad es que la confesión y proclamación de la esperanza radical no encuentra actualmente una visibilidad social propicia. Estamos viviendo tiempos de disminución; el encanto de la esperanza de la plenitud de la vida no parece encontrar eco en las nuevas generaciones. Estamos siendo tentados por un cierto pesimismo de cara al futuro próximo de la vida en celibato de amor.

El celibato por el reino de Dios es una forma de vivir las relaciones interpersonales. La persona sigue siendo corporal, relacional, sexuada. En el celibato el cuerpo no pierde su «significado esponsalicio». La sexualidad sigue siendo radical llamada a la relación y a la comunicación; sigue estando al servicio del amor y de la donación interpersonal. La opción de amor célibe tiene el significado de anticipar y prefigurar incluso corporalmente las bodas escatológicas de Cristo con la Iglesia[73]. Desde esa esperanza final es capaz de renunciar al impulso de la reproducción como manera de prolongar y perpetuar la especie. La reproducción es ciertamente una ley de la naturaleza… es también un mandato de Dios. El hecho de ser padre o madre tiene todo el atractivo y todo el encanto de ser una cierta forma de inmortalidad. Perpetuarse en los descendientes, continuar la propia vida en los hijos y no mo-

---

[73] *Pastores dabo vobis*, 29. «La virginidad es una forma de amar. Como signo, nos recuerda la premura del Reino, la urgencia de entregarse al servicio evangelizador sin reservas (cf 1Co 7,32), y es un reflejo de la plenitud del cielo donde "ni los hombres se casarán ni las mujeres tomarán esposo" (Mt 22,30)», FRANCISCO, *Amoris laetitia*, n. 159.

rir del todo, es una profunda afirmación de la vida contra la muerte. Pero al mismo tiempo es la constatación de la propia mortalidad que hace imprescindible tener sucesores.

«En cierto sentido fundamental es la reproducción lo que nos perpetúa más allá de nuestra muerte: pero, en cualquier caso, como supresión individual, también la requiere y la exige. Por tanto es lógico que el comercio sexual esté rodeado de tabúes y ceremonias propiciatorias en casi todas las culturas, así como que dé lugar a todo tipo de "perversiones", Tanto el erotismo heterosexual como el homosexual son esfuerzos individuales para desviarse de la obligación reproductora de la sexualidad —mortífera para el sujeto aunque perpetúe sus genes— y por sobreponerse a la función biológica, convirtiéndola en una estrategia lúdica que reafirme el entusiasmo vital por la vida del placer personalizado»[74].

La vida en celibato por el reino es un clamor de vida eterna[75]. Constituye una apuesta y una profecía de superación de la muerte. Es una confesión de esperanza contra la muerte y un aperitivo de la nueva creación, en la cual la vida corporal será transformada en la vida divina. Y dicha esperanza no tiene nada de idealista; es esperanza confesada en carne viva cada día. Es situarse en vigilante espera de la venida del Esposo amado y esperado[76].

---

[74] Fernando SAVATER, *La vida eterna*, Madrid 2007, p. 57.

[75] La virtud evangélica de permanecer sin casarse consiste de hecho en esperar impaciente y ardientemente el día del Señor. Es un tipo de esperanza que no tolera ninguna forma de compromiso y que no rehúye la llamada a la solidaridad. Tienen que ver con haber sido atrapado por la ley de Dios que viene y con comprometerse totalmente al servicio de esa venida (J. B. Metz).

[76] *Amoris laetitia*, nn. 158-162.

Y es también una esperanza celebrada en la liturgia que crea espacios de revelación del misterio de Dios y alimenta el anhelo del reino futuro, en el cual Dios será realmente Dios nuestro. La liturgia es ya anuncio y anticipación de la vida futura[77].

3.9. Dimensión simbólica

El amor vivido en celibato por el reino constituye un *signo y una profecía*. Es una señal de amor. Mientras en nuestra sociedad se tiene en cuenta a las personas según lo que tienen, lo que pueden, lo que parecen ser, la comunidad del reino hace visible una identidad de rasgos diversos; contrasta con las identidades que más se dejan ver y más se muestran. La comunidad del reino hace visible una identidad basada en la fe, en la confianza en el amor. Está llamada a hacer visible la libertad en una sociedad donde tiene mucha visibilidad el dominio de poseer y de dominar. La codicia de dominar implica el querer hacerse como Dios para ser señor de la vida de las personas;

El amor célibe, como símbolo en esta sociedad, implica la relativización de las identidades sociales por los roles, por los bienes, por los conocimientos, por el poder y el hacer. Remite al fundamento que es la justificación por la fe. Significa que la persona es digna por sí misma; por el amor que da y el amor que recibe. Esa es su mayor capacidad y su más verdadera identidad. Al final de la vida queda solo el amor con que se ha amado[78].

---

[77] Cf. *Ecclesia in Europa*, n. 71.
[78] Cf. O. González de Cardedal, «La persona del hombre y el amor de Cristo», en: *La entraña del cristianismo*, Salamanca 1997, pp. 619-680.

Actualmente el amor célibe no se plantea en contraposición al amor conyugal, como si el primero fuera celeste y el segundo terrestre, el primero nacido de la gracia y el segundo de la naturaleza. No hay verdadero amor sin mediaciones humanas. Es cierto que unas son las mediaciones humanas del amor célibe y otras las del amor conyugal. Uno significa y comunica la universalidad del amor; el otro pone de manifiesto la intensidad del mismo amor. Pero todo amor humano es vivido y expresado corporalmente en palabras, gestos, presencia...

El amor célibe es una advertencia para el amor conyugal. Le recuerda que no hay auto-realización sin donación. La relación de amor conyugal no es cuestión de sumar cada uno el 50%, sino de dar lo que uno tiene y disfrutar lo que recibe, de agradecer lo que le regalan y pedir lo que necesita.

3.10. Dimensión ecológica

Esta forma de vivir célibe implica ser respetuoso con los demás y con toda la creación. Cultiva el respeto a la vida, la cultura de la vida. Es una forma de dar futuro a la vida, especialmente a la vida humana engendrada por otros. La fuerza y el atractivo de la fecundidad, de continuarse y prolongarse en la vida, que no se realiza en la procreación de hijos, se extiende al atractivo de dejar huella a través de las obras de amor al prójimo, a través del arte, de la contemplación de la creación. Aceptar el clamor del propio cuerpo sexuado, acoger la pulsión a la procreación, ayuda a identificarse y situarse como miembro de la naturaleza que gime los dolores de parto de la nueva creación. Vivida la corporeidad sexuada desde la mirada de Dios, facilita la comunión con el latido de la creación. Es fuente de cuidado y celebración de la vida. Ayuda a sensibilizarse con la «conversión ecológica»[79].

La castidad consagrada es también una llamada a descubrir la belleza del cuerpo humano sexuado. Forma parte de nuestra identidad personal. La castidad es un factor integrador de la corporeidad y la espiritualidad.

3.11. Dimensión carismática

El celibato por el reino de Dios es un carisma[80], es decir, una experiencia, una intuición e inspiración del Espíritu de Jesús resucitado. Es un carisma de relación. Se funda en los ejemplos y en las palabras del Señor y en la acción del Espíritu que sigue obrando maravillas en su Iglesia. La virginidad consagrada es «un don divino que la Iglesia ha recibido del Señor, y que con su gracia se conserva perpetuamente»[81]. No se puede imponer. Fruto del don de Dios a su Iglesia, el celibato es una opción voluntaria y libre. El voto de castidad es siempre una respuesta libre a la fascinación que ejerce la figura de Jesús, sus obras, sus palabras, su mensaje. Jesús irradia de tal manera con su vida llena del Espíritu, que cautiva y centra el corazón. Unifica la vida afectiva a partir de él. No excluye otros afectos. Pero llama a amar como él amó: amor gratuito y universal; creativo y conflictivo, a los pecadores y a los perseguidores, a los cercanos y a los lejanos. Nos recuerda a todos: «Si amáis a los que os aman, ¿qué mérito tiene eso? ¿No hacen también eso los publicanos?» (Mt 5,46).

El carisma del celibato por el reino implica capacidad y sensibilidad para la entrega de la vida; descentra del egoísmo

---

[79] Cf. *Laudato si'*, n. 216ss.
[80] *Pastores dabo vobis*, n. 29.
[81] Concilio Vaticano II, *Lumen gentium*, n. 43.

y pone en camino a la entrega de la vida. La mejor señal de que el celibato es vivido como un carisma del Espíritu es que nos hace felices. Nos da la capacidad para mirar a través de los ojos de Dios y encontrar el gozo de amar a los seres humanos concretos. El sentido de la felicidad brota del corazón que se sabe infinitamente amado por Dios a través de las mediaciones humanas.

Jesucristo es el eje del crecimiento espiritual. Va liberando e integrando la afectividad de los consagrados. Se trata de un proceso que es don de gracia y es costoso al mismo tiempo. Implica un constante combate espiritual para asumir la desposesión y aceptar el margen de soledad que lleva consigo la ausencia de esposa, de hijos, de nietos. La fuerza del amor carismático se realiza en la fragilidad de la condición humana. Requiere paciencia y disciplina. Y constancia en el trato asiduo con el Señor, cuya virginidad hace suya la persona consagrada[82].

3.12. Dimensión trinitaria

El Dios revelado en Jesucristo es un Dios Padre, Hijo y Espíritu Santo; tres personas y un único amor. La relación entre el Padre y el Hijo constituye una relación de amor. El Padre engendra al Hijo en el amor; el Hijo reconoce al Padre en el amor filial. El Espíritu Santo es la relación de amor entre el Padre y el Hijo.

El amor de las criaturas es reflejo y vestigio del amor que Dios es y que Dios tiene.

El amor de los célibes como expresión del amor «con todo el corazón» a Dios y al prójimo es manifestación y reflejo del

---

[82] *Vita consecrata*, n. 16.

amor trinitario (VC 21). Entrar en una forma de vida célibe como la de Jesús es entrar en un proceso de aprendizaje del amor que se dona. Todo amor humano verdadero es un espejo de la relación de amor en la Trinidad. Las distintas formas de amor humano reflejan distintas dimensiones de ese misterio de amor que nos envuelve y nos desborda; remiten y señalan al misterio insondable de unidad y diversidad, de comunión y misión. La Trinidad Santa nos revela la profunda relación entre la singularidad de cada persona y la comunión interpersonal. Contemplando el misterio último que nos habita, podemos aprender a superar actitudes individualistas y uniformadoras. Se llega a disfrutar de la diversidad corporal, cultural, sexual en la unidad de la comunión.

PARA LA REFLEXIÓN Y EL TRABAJO PERSONAL Y COMUNITARIO

1. Preguntas

1. ¿Estoy convencido de que mis sentimientos y afectos pertenecen a mi vida privada y que no debo compartirlos?

2. ¿Tengo experiencia de que la castidad consagrada ha potenciado mi capacidad de amar?

3. ¿He vivido la castidad consagrada como disminución o mutilación de mi vida afectiva?

4. ¿Cómo gestiono mi vida afectiva?

5. ¿Cómo vivo, en esta etapa de mi vida, el vacío afectivo de un esposo/a?

6. ¿Cómo vivo mi afectividad en relación con Dios y con el prójimo?

7. ¿Cómo doy el afecto, cómo lo recibo, cómo lo pido, cómo lo rechazo?

8. ¿Me doy permiso para sentir y expresar los sentimientos de ternura?

9. ¿Qué temores profundos influyen en mis relaciones afectivas?

10. ¿Soy consciente de estar «apegado» a alguna persona o de que alguna esté apegada a mí?

11. ¿Cómo me veo en mi responsabilidad de construir relación de amor célibe con mi gente cercana?

12. ¿De qué manera utilizo yo el hecho de no estar casado como excusa para no entrar en relación, para no amar verdaderamente?

13. ¿Cómo vivo el vacío afecto de la falta de hijos?

14. ¿Cómo siento el impulso de posesión sexual?

15. ¿Cómo siento el impulso de donación, en los últimos meses?

16. ¿Cómo vivo mi sexualidad?

17. ¿Vivo mi sexualidad como energía de relación con los demás?

18. ¿Vivo a gusto con la soledad que implica el celibato?

19. En nuestra cultura, ¿es el celibato un testimonio? ¿Qué dice? ¿A quién?

20. El celibato es contracultural. ¿Es positivo o es negativo que sea contra-cultural?

21. ¿Qué factores favorecen o estorban mi desarrollo afectivo y relacional?

22. ¿Vivo como varón relaciones significativas con mujeres? ¿Por qué considero que son significativas?

23. ¿Vivo como mujer relaciones significativas con varones? ¿Por qué considero que son significativas?

24. ¿Soy capaz de dialogar con alguna persona sobre estas relaciones?

25. ¿Estoy convencido de que el celibato por el reino es un carisma relacional?

26. ¿Descubro en mi sentimientos y prácticas de clericalismo?

27. ¿Qué relación existe entre el celibato y la necesidad de amar y ser amado?

28. ¿Tengo experiencia de amistad con otras personas consagradas?

29. ¿Hay maneras de aprender la intimidad interpersonal y así profundizar en la relación?

30. Las relaciones humanas que vivo, ¿me llevan a profundizar en mi relación con Dios?

31. ¿Qué señales me dicen que una sana relación célibe está dejando de serlo?

2. LA EXPERIENCIA DEL VOTO DE CASTIDAD

1. ¿Qué aportaciones positivas y qué limitaciones supone para mí el voto de castidad en esta etapa de mi vida?

2. ¿A quién beneficia el hecho de que yo viva el compromiso de la castidad consagrada?

3. ¿Cómo alimento la motivación del voto de castidad por el Reino?

— La intimidad con Jesucristo
— La vida fraterna
— Las amistades
— La fidelidad al compromiso
— El miedo a mi sexualidad
— La disponibilidad para la misión

4. La sociedad en la que vivimos actualmente, ¿en qué medida me ayuda y en qué medida me dificulta vivir el compromiso del voto de castidad consagrada?

3. Dimensiones del voto de castidad por el Reino según Bernardo Oliveras

La sexualidad es una condición fundamental de nuestras vidas personales; ella configura nuestro ser, estar y obrar como personas; nuestro pensar, querer, sentir, el mismo creer, amar y esperar se expresan según una forma de individuación sexuada.

Las convicciones personales de este autor[83] sobre el celibato consagrado pueden sintetizarse en estas afirmaciones:

1. Mi celibato es ante todo un don o carisma: es un don que invita a una tarea, un don por conquistar en paz. Es un carisma del Espíritu para mi propio bien personal, el enriquecimiento de mis hermanos y hermanas, la edificación de la Iglesia y el servicio a la humanidad. Es un carisma del Amor para amar.

2. El motivo fundamental de mi celibato es Jesús (su persona) y su Reino (su proyecto). Este carisma lo vivo en el ámbito existencial concreto de una vida en comunión fraterna (comunidad), procurando así que «venga

---

[83] OLIVERA, Bernardo, *En el centro el amor. Pensamientos para integrar la vida consagrada*, Madrid 2006, pp. 77. 136-138.

el Reino»: todos hermanos y hermanas bajo un mismo Padre (servicio).

3. Se trata de una decisión siempre renovada de hacer real la utopía de Dios que nos creó en reciprocidad complementaria a imagen y semejanza suya. En este sentido veo mi celibato como algo importante para el cultivo de relaciones con las mujeres.

4. En una historia humana de pecado y gracia, mi celibato es renuncia a la manifestación genital del amor a fin de sanar al amor de todo egoísmo posesivo y agresividad dominante. Renuncio también a la satisfacción sexual a causa de una mayor bienaventuranza. El amor celibatario es mi forma de dar respuesta a la pregunta que todos hemos de responder: ¿cómo satisfago las necesidades de complementariedad y de pertenencia que están inscritas en mi sexualidad?

5. Gracias al carisma del celibato consagrado puedo clarificar y testimoniar el profundo significado antropológico de los valores inherentes a la sexualidad. Vivo el celibato como un testimonio de la fuerza del amor de Dios en mi fragilidad humana. Es, para mí, una «terapia espiritual» que redunda en bien de toda la humanidad.

6. Mi celibato por el Reino de los cielos es una invitación a potenciar en plenitud mi capacidad generativa en cuanto padre y madre de otros y otras. Si mi celibato no es fecundo sería castrador. ¡El Reino de los cielos no es una tumba para enterrar nuestra sexualidad!

Existen también otros motivos para consagrarse en el celibato o virginidad. Por ejemplo, según el apóstol Pablo, guardar un corazón indiviso, pues está habitado por el Señor; anticipar la otra vida en la presente vida; permanecer más libre para dedicarse al Señor y a sus intereses. Estas razones o motivos no han de olvidar que:

1. Todo ser humano se encuentra a solas con Dios y siente su voz en ese recóndito santuario de su ser que llamamos conciencia.

2. Todo cristiano/a que cree, ama y espera, se une con Dios inmediatamente en la fe, la esperanza y la caridad. Pero estas virtudes teologales, que unen con Dios sin mediación, se viven en el ámbito de la Iglesia, los sacramentos y la Palabra divina; es decir: se viven en el seno de otras mediaciones.

3. Cualquier persona casada busca y encuentra a Dios en y mediante la pareja y la familia; de igual modo que cualquier persona consagrada en celibato y virginidad busca y encuentra a Dios en y mediante la comunidad, los votos religiosos, la misión, su propio instituto junto con su carisma, espiritualidad, tradición y costumbres.

4. Todo cristiano, aunque en distinta forma, está llamado a vivir en el orden de la realidad escatológica y en el orden de las realidades terrenas. La síntesis entre ambos órdenes no es fácil y solo la alcanzan quienes comulgan con el Señor Resucitado que obra en la historia desde más allá de la historia. Y para comulgar con el Resucitado poco cuenta si se es casado, célibe o virgen. Aunque es verdad que el matrimonio se ubica más del lado de la realidad terrena, y el celibato y la virginidad consagrados en el orden de la realidad escatológica.

5. Lo importante, según Pablo, es que todos podamos vivir una vida sin «preocupaciones y agitaciones múltiples o inútiles», y bien sabemos que la preocupación y agitación no es monopolio de un estado de vida.

6. En definitiva, si el célibe y la virgen viven para Dios y su causa «sin división», es porque el Señor así lo ha querido; de igual modo, otro tanto vale para los casados/as, si «están divididos» es también porque el Señor lo ha querido. Celibato, virginidad y matrimonio ¿no son acaso dos tipos de carisma y de vocación cristiana a la santidad?

7. El amor conyugal no divide los corazones, sino que los eleva y capacita para encontrar y unirse a Dios en la mutua y recíproca relación de amor.

Capítulo IV:
Voto de pobreza evangélica

La forma de vida consagrada se caracteriza como el compromiso personal, público, definitivo en una comunidad aprobada por la Iglesia para responder de forma evangélica a la vocación de Dios e, inseparablemente, a las necesidades humanas de tener, poder y querer/pertenecer. Todo ser humano necesita saberse y sentirse digno y respetado. Es personalmente valioso. Y se vive a sí mismo con sentido de auto-confianza y auto-aceptación. Pero esa necesidad de valía personal contiene un dinamismo de búsqueda que constituye la huella de Dios en la condición humana. Las necesidades humanas constituyen un hambre fundamental que hay que saciar correctamente.

La forma evangélica de responder a la necesidad de ser valioso y digno es la bienaventuranza de la pobreza, y en la vida consagrada se expresa respondiendo con un voto de amor, un voto de alianza[84]. La alianza de Dios y las necesidades humanas son las claves para una visión unitaria de los votos. El voto de pobreza representa una dimensión del seguimiento de Cristo en la búsqueda de Dios y consiste en una manera peculiar de vivir las relaciones con los bienes materiales, culturales y espirituales. Y también con uno mismo y con Dios. Lo que

---

[84] José Cristo Rey García Paredes, *Teología de la vida religiosa*, BAC, Madrid 2002, pp. 402ss.

está en juego es la respuesta a la pregunta fundamental: ¿Qué sentido tiene mi vida? ¿Quién da sentido a mi vida? ¿Dónde pongo la confianza fundamental?[85] ¿La coloco en mí mismo, en mis bienes y cualidades, en el Dios de la vida? ¿La pongo en mis obras y logros?

NO ES POBREZA EVANGÉLICA

1. No es una cuestión de la cantidad de bienes y recursos que tiene una persona o una institución religiosa, sin tener en cuenta el cómo se tienen y para quién se tienen. No es cuestión de permisos del superior y dependencia para usar los recursos personales, patrimoniales, comunitarios; es cuestión del qué y, sobre todo, del para qué.

2. No es austeridad de los bienes materiales si es que se vive esa austeridad como autosatisfacción, como forma de merecer la admiración de los demás o el premio ante Dios. A veces ese tipo de austeridad se da con perjuicio de los bienes espirituales. Los deportistas, las modelos suelen tener una gran disciplina y ascesis en su vida. Los gimnasios son lugares actuales de ascesis y disciplina en cuanto al estilo de vida.

3. No es una cuestión meramente opcional; es una exigencia de la vida evangélica del discipulado de Jesús. Para ser discípulo auténtico de Jesús y vivir la relación con Dios como Él la vivió es menester tener alma de pobre; es decir, estar desposeído de sí mismo y del engaño de ser autosuficiente.

4. No es mera carencia de bienes y de recursos personales. La carencia de bienes puede ayudar a la actitud interior del desprendimiento y de libertad frente al carácter po-

---

[85] Cf. Hans KÜNG, *Lo que yo creo*, Madrid 2011.

sesivo e idolátrico de los bienes que facilitan y aseguran la vida en este mundo. Pero la carencia de los bienes necesarios para la vida digna es fuente de muchos sufrimientos y desgracias.

5. No es un castigo o una maldición de Dios, como podría pensarse en el AT, ya que Dios bendice con riqueza y abundancia a los que son fieles a sus palabras, leyes y promesas y, en cambio, a los infieles a los mandatos, caminos y promesas de Dios, les va mal y terminan en el fracaso y la carencia de bienes.

6. No es elección de la miseria, falta de salud, de iniciativa como realidades buscadas y aceptadas. La pobreza del evangelio no es la exaltación romántica o ideológica de la carencia de bienes. Eso puede ser masoquismo. Contra esa pobreza real es preciso luchar para alejarse de ella y colaborar para que los demás se libren de esa situación lo antes posible.

7. No es renunciar a desarrollar las propias capacidades personales, intelectuales, artísticas. Ser pobre evangélicamente no implica la renuncia a la formación intelectual, teológica, espiritual. No requiere la renuncia al propio potencial de creatividad, superación, de desarrollo personal. La palabra renuncia tiene connotaciones negativas, suena a pérdida; pero, en realidad, la renuncia al ego es necesaria para conseguir la libertad, la identidad y la apertura al Espíritu que nos habita.

8. No es desprecio de los bienes de la creación ni de los bienes de la sociedad ni sacralización de la miseria; no implica exilio exterior con respecto a la sociedad; esto, además de ser imposible, sería una falta de aprecio de la creación de Dios y de las capacidades humanas para hacer una vida más digna.

9. No es vivir del trabajo de los demás, vivir de limosna o de los donativos de los bienhechores, en lugar de trabajar según las propias capacidades y cumplir el mandato de la creación. Pero tampoco implica la pobreza según el evangelio una especie de «religión del trabajo». Esto es más propio del capitalismo que estimula nuestras necesidades básicas y nuestros deseos de poseer y consumir. La publicidad hace creer que en el tener objetos está realmente la felicidad; sobre todo, si son objetos que indican excelencia.

10. No es estoicismo e indiferencia ante los bienes materiales y morales de la tierra y del progreso humano. Eso puede ser enterrar los talentos que el creador ha puesto en las personas humanas sin asumir la propia responsabilidad con respecto a la misión para la que fuimos creados. A la inversa, la pobreza evangélica tampoco implica el rendir culto al ganar, a la competitividad, al esfuerzo prometeico por producir bienes materiales o espirituales[86].

11. Pobreza no es la austeridad que brota de la avaricia. Esta actitud de avaricia conduce a la renuncia al uso de los bienes para acumularlos. Se esclaviza al tener. No tiene en cuenta que los deseos humanos, en la sociedad del consumo, resultan insaciables. La avaricia se convierte en un mecanismo permanente de frustración.

12. La pobreza evangélica no es mera austeridad individual y riqueza institucional. Ciertamente una institución necesita una cultura del ahorro y de la previsión con respecto al futuro, sea este de expansión o de reducción. En la práctica, resulta más fácil y se tienen más medios

---

[86] Cf. Byung-Chul HAN, *La sociedad del cansancio*, Barcelona 2012; Alain EHRENBERG, *La fatiga de ser uno mismo*, Nueva visión, 2012.

para evaluar la pobreza individual que para gestionar y evaluar la pobreza institucional y colectiva.

La pobreza evangélica es

En la vida consagrada la realidad evangélica de la pobreza se vive en forma de compromiso público en la Iglesia y como promesa personal de progresiva asimilación de los sentimientos del Hijo que siendo rico se hizo pobre, es decir en forma de voto de pobreza[87]. Como los otros dos votos, la pobreza es parte integrante de la alianza de amor que Dios ofrece y a la que llama.

En esta exposición los votos son entendidos con las mismas características, con las mismas orientaciones. Los contenidos son parcialmente diversos. El enfoque común confiere unidad y coherencia a su tratamiento. Los tres votos son siempre formas de dar respuesta a la seducción del Dios de Jesús. Se trata de una respuesta libre, voluntaria y responsable de personas adultas.

1. Dimensión antropológica

La pobreza evangélica tiene que ver con la aceptación de sí mismo; con la conciencia de los propios límites. Ser pobre evangélicamente implica tomar conciencia y renunciar a la pretensión de omnipotencia, a la creencia irracional que obliga a ser perfecto.

---

[87] Cf. *Perfectae caritatis*, n. 13; *Evangelica testificatio*, nn. 16-22; *Vita consecrata*, nn. 21 y 89-90; canon 600.

1.1. Aceptar las limitaciones

Implica la renuncia al tener como forma de satisfacer la necesidad de dignidad personal, de valía personal, De la misma manera implica la desactivación del saber en cuanto forma de dominio y de imposición ante los demás. Los deseos insaciables de tener, poder y saber conducen a la idolatría de los bienes. Adquieren tal seducción sobre el ser humano deseante que llegan a revestir un carácter absoluto. El deseo se hace imperioso y se convierte en una carga. Y esclaviza.

La pobreza como realidad antropológica implica acoger la propia finitud, la propia mortalidad. No somos eternos; no somos inmortales; tampoco somos neutros, sino que somos seres sexuados, es decir, en relación como varón o como mujer.

Es una forma de pobreza aceptar la propia biografía personal tal como se ha ido configurando en la familia, la formación, los encuentros, los aciertos y errores personales. La pobreza evangélica está necesitada de un relato nuevo, que exprese su belleza y contrarreste los grandes relatos que cantan hoy las excelencias de ser ricos en todo tipo de lenguajes y de símbolos.

1.2. La pobreza como sencillez de vida

Es preciso distinguir diferentes formas de relacionarnos con las cosas. No es fácil, en la práctica, poner los límites. Pero es inevitable tenerlo en cuenta para que la pobreza evangélica no se convierta en algo totalmente ambiguo. En la sociedad actual se da una seducción colectiva del dinero: ser rico, tener más, consumir más, viajar más. Los bienes han dejado de ser meros objetos útiles, se ha convertido en símbolos de felicidad. Nos fascinan desde la suposición que tener más dinero es tener más felicidad. Pues bien, el voto de pobreza nos libera de la seducción del dinero. La pobreza como estilo de vida evangélica nos hace capaces de disfrutar de las cosas sin poseerlas. La pobreza evangélica brota de la confianza puesta en el Dios de la misericordia. Por eso la pobreza evangélica solo se puede vivir como agradecimiento por los dones recibidos del Padre celeste.

Considerando la relación con los bienes, es conveniente tener en cuenta que nuestras necesidades humanas son como una goma: se estiran en forma de deseos que aumentan nuestras necesidades básicas y suscitan insatisfacción. Aumentar los deseos nos hace más débiles y vulnerables. De ahí que la pobreza evangélica implica necesitar pocas cosas.

El papa Francisco nos recomienda: «En realidad, quienes disfrutan más y viven mejor cada momento son los que dejan de picotear aquí y allá, buscando siempre lo que no tienen, y experimentan lo que es valorar cada persona y cada cosa, aprenden a tomar contacto y saben gozar con lo más simple. Así son capaces de disminuir las necesidades insatisfechas y reducen el cansancio y la obsesión. Se puede necesitar poco y vivir mucho, sobre todo, cuando se es capaz de desarrollar otros placeres y encontrar satisfacción en los encuentros fraternos, en el servicio, en el despliegue de los carismas, en la música, en el arte, en el contacto con la naturaleza, en la oración. La felicidad requiere saber limitar algunas necesidades que atontan, quedando así disponibles para las múltiples posibilidades que ofrece la vida»[88].

Podemos con claridad distinguir estos niveles de relación con lo que tenemos, pensamos y hacemos según José María

---

[88] *Laudato si'*, n. 223.

Arnaiz. Propone cuatro palabras: *superfluo, conveniente, necesario, indispensable*[89].

La pobreza evangélica modela también el mundo de nuestros deseos. «Mucho deja el que no solo deja lo que tiene, sino cuanto desea tener» (San Agustín). Se trata de tener menos para ser más; menos, es más. La pobreza evangélica realmente tiene un gran valor testimonial. Ayuda a hacer creíble el mensaje evangélico.

2. Dimensión trinitaria

La confesión del Dios vivo como Señor de nuestras vidas implica la lucha contra la idolatría. E idolatría no se refiere solo al politeísmo; se refiere a todo aquello que exige sacrificios humanos. La acumulación de dinero se convierte en tiranía. Se hace dueño de quienes lo poseen que son, en realidad, poseídos por la acumulación de bienes. Los tiene prisioneros.

La confesión del Dios único es una tarea de lucha contra los ídolos y absolutos que hacen sombra y se oponen al Dios de la vida y del amor. Participar, por gracia, en la relación de amor entre el Padre y el Hijo por el Espíritu nos libera de la pesadumbre de nuestra finitud; la alivia y la hace aceptable. Entrar en el dinamismo de filialización y divinización implica crecer en la confianza fundamental que sostiene la vida. Contando con el Dios amor podemos existir en sus manos... como las aves del cielo... como los lirios del campo (Mt 6,26.28).

La pobreza evangélica es abandono en manos de Dios que cuida de sus hijos. Es El quien inspira y da la confianza; es el Dios padre-madre buscador de lo perdido. Jesús se vive y se

---

[89] *Por un presente que tenga futuro. Vida consagrada hoy: más vida y más consagrada*, Madrid 2004. pp. 200-203.

presenta como el Hijo amado, cuya comida es hacer la voluntad del Padre. Es el Hijo orante que vive en presencia del Abbá. Por el Espíritu somos hijos en el Hijo. Por nuestra parte, la actitud filial, confiada y orante, requiere la transformación del corazón por obra del Espíritu de Jesús resucitado.

3. Dimensión teológica

El voto de pobreza evangélica es una manera concreta de expresar la fe, el amor y la esperanza en el Dios de la vida. Es un modo concreto de configurar la vida humana en la historia la fe en el Dios de Jesús. Brota de la relación de confianza y alianza con este Dios de la vida[90]. El encuentro personal con su Palabra viva se expresa como consagración, jurídica y teologal, activa y pasiva: ser consagrados, y consagrarse a sí mismo[91].

Para el consagrado según el consejo evangélico de pobreza, Dios es la única riqueza; la búsqueda de Dios centra el camino y las energías de la vida. Buscar y amar a Dios sobre todas las cosas es entrar en un proceso de desposesión, de purificación. El vaciamiento se va dando en la medida en que Dios llena la vida; el monasterio y, a su manera, el convento y la casa religiosa son escuela de la pasión y la búsqueda de Dios. Nadie puede recorrer el camino del encuentro verdadero y pleno con Dios si no es acompañado por los otros peregrinos.

---

[90] Cf. Pier Giordano CABRA, *Amarás con todas tus fuerzas (Pobreza)*, Sal Terrae, Santander 1982; Felicísimo MARTÍNEZ, *¿A dónde va la vida religiosa?*, San Pablo, Madrid 2008.

[91] Cf. Severino Mª ALONSO, *Amistad y consagración en la vida religiosa*, Madrid 1989. José Cristo Rey García Paredes habla de la consagración carismática y consagración epocal, en *Teología de las formas de vida cristiana III: Perspectiva sistemático-teológica. Vocación-consagración-misión-comunión*, Publicaciones Claretianas, Madrid 1999, pp. 107ss.

Es así como el ser humano va curando su corazón de la herida de la codicia, de la búsqueda de seguridad frente a la propia menesterosidad. Aprende que no puede servir a Dios y al dinero (Mt 6,21; Lc 16,13).

Dios es la riqueza, es la plenitud intuida y buscada. La peregrinación por el desierto es la imagen más expresiva de esta búsqueda radical de Dios. De esta suerte el consagrado, en el desierto de la ciudad, se convierte en memorial de aspectos radicales del evangelio. Como para Jesús, Dios es la pasión de su vida. Muestra la primacía absoluta de Dios sobre todos los bienes de la tierra. Y así encarna el estilo de vida del Jesús pobre.

3.1. La encarnación del Hijo: Dios por y con nosotros

La encarnación del Hijo amado constituye un acontecimiento central de la fe cristiana. Es condescendencia y abajamiento de Dios mismo; se hace uno con nosotros. Dios Padre en su Hijo nos da su amor haciéndose solidario. Se hace uno con nosotros; se identifica con nuestra condición y nuestra historia humana.

Comparte nuestra pobreza, se encarna socialmente en una familia del pueblo trabajador. Si la huida a Egipto fue un acontecimiento histórico, constituye una muestra evidente de cómo los padres de Jesús comparten la suerte del pueblo trabajador y emigrante en un país extranjero, sin trabajo, lejos de su familia y de su patria. Ellos habrían experimentado lo que es vivir bajo la amenaza de los poderosos.

La encarnación no constituye un hecho puntual y aislado; es también un proceso histórico por el cual Jesús entra dentro de los conflictos y divisiones de la sociedad de su tiempo y se sitúa socialmente como defensor de los pobres y de las viudas, de los pecadores y los publicanos.

3.2. La kénosis del Hijo: Dios en nosotros

La encarnación es un acontecimiento de abajamiento, de kénosis. Dios se despoja de su gloria; tomó la forma de siervo. Se vació, se despojó. Se hizo servidor de los humanos. Para Dios reinar es servir. San Pablo en la carta a los Filipenses, recogiendo un himno anterior a él, nos propone el acontecimiento de la kénosis como modelo de nuestros sentimientos y actitudes (Flp 2,2-7). Se hizo uno cualquiera, un siervo, un condenado a muerte y crucificado.

La pobreza evangélica, a imitación de Cristo, tiene una dimensión teologal. Es una dimensión de la fe. Creer en el Dios que es amor creador, liberador y consumador lleva consigo la confianza incondicional. En nuestra condición humana actual, los bienes pueden ser un impedimento para esa confianza radical. Le impidieron al joven rico seguir la llamada de Jesús. Por su parte, Belén y el Crucificado son escuela donde se aprende la pobreza evangélica.

4. Dimensión carismática

En la forma de vida consagrada, los votos son dones del Espíritu que cautiva para vivir de esta manera. Son gracias de la Gracia. El carisma de la pobreza evangélica lleva a poner la confianza básica de la vida en el Dios amor y misericordia.

El Espíritu habilita para liberar nuestra libertad de la presión que conduce a exagerar el valor de las cosas, nos inspira la posibilidad de vivir la dinámica de lo provisional. La esperanza de la resurrección de entre los muertos y de la vida eterna hace posible valorar los bienes en su justo valor; es decir, para satisfacer las necesidades físicas y relacionales de la vida. La esperanza en la Resurrección y en la vida eterna hace perder a los bienes la apariencia de seguridad absoluta y, por tanto, de idolatría. El Espíritu de Jesús resucitado nos libera de la seducción de las riquezas. Gracias a la acción carismática del Espíritu podemos superar la tentación de la religión del tener que nos presenta con insistencia la sociedad del consumo. Se trata de ser libres con respecto a los deseos insaciables de apropiación del tiempo, de los bienes, de las personas. El carisma de la pobreza evangélica nos introduce en un proceso de desapropiación de nosotros mismos; nos va haciendo pasar de la posesión a la disponibilidad.

El carisma de pobreza evangélica introduce en un proceso de conversión y transformación. Es menester aprender y ejercitar el arte del desprendimiento y el despojo hasta de sí mismos: sentimientos, apegos, heridas, resentimientos. Y esta actitud llega hasta el corazón mismo de la relación con Dios. La conciencia de ser llamados a la intimidad con Dios suscita y se expresa como pertenencia. El Dios de Jesús es mi Padre. Me ama como hijo amado. Pertenezco a su familia. Al mismo, tiempo, este sentido de pertenencia lleva un dinamismo de desprendimiento. No es conforme a la pobreza carismática el apropiarse de la imagen de Dios como «mi" Dios, el Dios de mi vida, de mi historia. El Dios en que nos apoyamos los creyentes no se deja apropiar. Es el Dios de todos los pueblos y de todas las personas. No se deja acaparar ni poseer.

5. Dimensión cristológica

La pobreza voluntaria por motivos evangélicos tiene un contenido fundamental: el seguimiento de Cristo. Hacer profesión pública de pobreza mediante voto significa que uno quiere ser como Jesús, que ha decidido parecerse a Él. Se siente fascinado por Jesús; quiere vivir con Él como él vivió. Y Jesús históricamente fue el pobre del reino. Es el bienaventurado por excelencia. En él se cumplen y se ejemplifican todas las bienaventuranzas. Él es personalmente el «pobre del Reino». Los seguidores y discípulos del Mesías Jesús se sienten atraídos para entrar en su escuela y dejarse formar y modelar por el Maestro y Profeta. Algunos rasgos históricos en que se despliega la pobreza de Jesús:

5.1. La itinerancia de Jesús

La historia de Jesús durante su ministerio público se caracteriza por la itinerancia. Jesús se mueve de pueblo en pueblo, de ciudad en ciudad, de aldea en aldea, movido por la urgencia del evangelio del reino de Dios.

La itinerancia no tiene, en primer lugar, un sentido ascético[92]; es la urgencia de la llegada del reino que ya sí ya está cerca. Jesús es el portador del gran acontecimiento del reino que trae la salvación. Algo nuevo está sucediendo. Jesús siente toda la urgencia de dar a conocer esta gran buena noticia.

Por eso no se aleja del pueblo, no se va al desierto. Va al corazón del pueblo ya establecido en la tierra. Ello no quiere decir que el estilo de vida de itinerancia no lleve consigo carencias, inseguridad. Es un estilo de vida de desarraigo familiar y social. Comporta desprendimientos e incomodidades que no lleva consigo la vida sedentaria.

Implica un radicalismo. Jesús no tiene familia, ni lugar donde reclinar la cabeza, mientras que las aves del cielo tienen nidos y las zorras madrigueras (Mt 8,20; Lc 9,58).

---

[92] Cf. Senén VIDAL, *Jesús el Galileo*, Santander 2006, p. 88.

5.2. Las comidas de Jesús

Es este otro hecho histórico de la vida de Jesús. Jesús celebra la llegada del reino en comidas con distintas personas y grupos. Las comidas de Jesús son abiertas.

La exégesis ha acentuado cada vez más el simbolismo de las comidas de Jesús. Por un lado, constituyen la forma anunciar, escenificar y celebrar la llegada del reino, del tiempo nuevo, del vino nuevo. Por otro, se trata de comidas abiertas con los fariseos, con los publicanos y pecadores. Los escribas fariseos se escandalizan ante los discípulos: ¡«De modo que come con publicanos y pecadores»! (Mc 2,16).

Este tipo de comensalidad abierta expresa en Jesús su apertura a los excluidos, a los empobrecidos. Muestra a Jesús como hombre que recrea la comunión desde la división, la separación y la exclusión. Crea una comunión que es, en realidad, reconciliación de los hermanos separados entre justos y pecadores, sabios e ignorantes, judíos y gentiles.

5.3. Las parábolas de Jesús

La forma peculiar de proclamación de Jesús es de origen sapiencial. Las parábolas de Jesús son también expresión de la originalidad y de la mentalidad de Jesús. Reflejan una cultura bíblica y popular. Muy alejada de la mentalidad alegórica y especulativa. Jesús no se basa en visiones apocalípticas, es realista. Sabe por experiencia lo que implica el trabajo, la vida de un campesino judío.

5.4. Estilo mesiánico de Jesús

La pobreza de Jesús nos enriquece. La pobreza evangélica es seguir el camino de Jesús desde su vida histórica hasta la pasión y crucifixión que desemboca en la resurrección. Es seguimiento e imitación de Jesús pobre. No siguió el mesianismo del poder y del éxito; eligió el mesianismo de la autenticidad, de la palabra, del testimonio. Se sintió tentado. Su estilo mesiánico chocó con las expectativas referentes a las figuras mesiánicas. Provocó un conflicto radical.

5.5. La lógica de la gratuidad

La trayectoria de Jesús que nos presenta el evangelio es una trayectoria caracterizada por la gratuidad; la sobreabundante generosidad de Jesús es el camino de la donación de su propia vida hasta la cruz y la resurrección. Nos amó hasta el extremo. Entregó su vida por nuestra salvación. Nos dejó el testamento de su amor para que nos amemos como Él nos ha amado.

5.6. La lógica del perdón

Es otra característica de la actitud de Jesús. El Mesías rompe el círculo vicioso de violencia y contra-violencia, de culpa y venganza. Es capaz de perdonar. Introduce una lógica nueva y distinta. Ama a los enemigos. Perdona a los que lo crucifican. Introduce a los discípulos en la experiencia profunda de ser perdonados y en el dinamismo del perdonar activo.

Dar y recibir el perdón es una forma de reconocer la propia pobreza y la debilidad personal. Al recibir el perdón se ratifica que la confianza radical de la vida está puesta en el Dios de la alianza.

5.7. La identificación de Jesús con los pobres

La trayectoria histórica de Jesús está llena de relatos sobre su relación con los pobres en distintas situaciones; enfermedad, exclusión social, exclusión religiosa. Al final de la trayectoria histórica de Jesús los discípulos descubren que el Crucificado se identifica con los pobres. Es el empobrecido y excluido por antonomasia. El capítulo 25,35-36 del evangelio de Mateo muestra esta identificación: «tuve hambre y me disteis de comer, tuve sed y me disteis de beber...». Se trata de una página de cristología que ilumina el misterio de Cristo[93]. En virtud de esta identificación, la Iglesia tiene la tarea de descubrir en la persona de los pobres una presencia especial de Cristo. Y de ahí se deriva la opción preferencial por los pobres para toda la Iglesia. Jesucristo se hace presente en el «sacramento del pobre». «Reconocemos que esta solidaridad es parte esencial de nuestra fe en Jesús, de la dimensión profética de nuestra vida consagrada y del seguimiento. El consejo evangélico de la pobreza se debe transformar cada vez más en una práctica individual y comunitaria de solidaridad con el pobre, de desprendimiento, de gratuidad, de confianza en la Providencia y de testimonio de vida sencilla»[94].

6. Dimensión política

El voto de pobreza tiene una dimensión política; constituye una forma de vivir y de pensar esta sociedad. El dinero no lo es todo; las dimensiones más importantes de la vida no se compran ni se venden. El «poderoso caballero» inclina a auto-valorarse por lo que se tiene; pero el tener acumulado no puede llenar el vacío interior de la carencia de autoconfianza, de la carencia de sentido y de finalidad en la vida. En la cultura actual se da culto a lo joven, lo nuevo. Mandan la eficacia, el éxito y la rentabilidad. Por eso se vive una especie de «aporofobia»[95]. Por el mero hecho de ser pobre ya eres excluido. Y esto no es nuevo de nuestro tiempo. Ya el Primer Testamento

---

[93] *Caminar desde Cristo*, n. 34; *Novo millenio ineunte*, n. 49.
[94] *Vita consecrata*, n. 82.
[95] Adela CORTINA, *Aporofobia, el rechazo del pobre: un desafío para la sociedad democrática*, Paidós Ibérica, Madrid 2017.

muestra abundantemente que los pobres son vulnerables a la explotación económica (Pr 13,3; 14,20.)

La vida de pobreza voluntaria por el reino de Dios implica un proyecto de mundo y de sociedad. Está al servicio de la fraternidad universal; al servicio de la justicia para todos y de la libertad para todos. La pobreza voluntaria es servicio al reino en cuanto constituye la memoria viva de la creciente división entre pobres y ricos. Recuerda que las sociedades opulentas tienden a despreciar a los pobres, pretenden hacerlos invisibles e incluso peligrosos. La pobreza voluntaria es denuncia de la desintegración social a que tiende la sociedad consumista.

Tiene una función social de solidaridad con los empobrecidos; el que se hace pobre en solidaridad con los pobres quiere hacerse solidario con ellos, quiere ser voz de los sin voz, escuchar los gritos de los excluidos, de los que no tienen esperanza ni futuro.

Hacerse pobres es convertirse en instrumento y mediación de liberación. Se parte del supuesto de que la «pobreza destruye espiritualmente a la humanidad» (Vicente Ferrer). El progreso social e histórico de la humanidad implica la lucha contra el empobrecimiento y la miseria en que vive la mayoría de la humanidad. El futuro de la humanidad depende de la dimensión espiritual, es decir, de la capacidad de vivir la fraternidad universal, como energía operativa y solidaria.

Quiere decir que sabemos, a grandes rasgos, qué mundo no nos gusta, qué mundo queremos construir. Sabemos también cómo construirlo desde la vertiente de la espiritualidad; pero falta energía política y social. Sabemos que el camino de la transformación de la situación presente tiene que tener en cuenta esta doble perspectiva:

6.1. La glocalización

Actuar local y pensar global: esta es un planteamiento básico. Nuestro mundo de vida es limitado y localizado y temporalizado, por más que los medios de comunicación nos mueven a relativizar el espacio y a acelerar el tiempo. Es poco lo que se puede cambiar; son pocas las personas interesadas en cambiar realmente las cosas de raíz. Pero el pensamiento y el planteamiento de la pobreza evangélica tiene que ser global: De hecho, se está globalizando la indiferencia y el mercado. Los pobres del reino se consagran a globalizar la esperanza para todos. Servimos a una concepción global de la historia y de la sociedad. En esta situación de mundialización, la repercusión de las acciones locales puede ser grande, pero a largo plazo.

6.2. La relación reflexión-acción

El peligro del pensamiento religioso es que potencie la reflexión sobre la acción y se quede en una interpretación de las cosas. Karl Marx ya hace mucho tiempo que se quejaba de que la filosofía había interpretado el mundo y que lo que hace falta es transformarlo. Lo mismo se puede decir de la teología. Pensamos mucho sobre la reforma, la renovación, la refundación, la transformación etc. Pero no bastan las ideas.

Los valores y creencias fundamentales nos indican lo que es importante. Además, tienen que inspirar y animar la praxis, es decir, la acción transformadora. El voto de pobreza implica la colaboración con las opciones políticas que más pueden contribuir a la justicia y la solidaridad entre las personas y los pueblos. Vivir el voto de pobreza evangélica requiere un discernimiento concienzudo de los efectos políticos y sociales de nuestras actividades. Es necesario preguntarse: ¿A quién sirvo con la forma de vivir y de trabajar desde el punto de vista social? ¿A quién servimos con nuestra misión? ¿Sacralizamos y bendecimos el statu quo? ¿Bendecimos cualquier revolución?

7. Dimensión ecológica

El voto de pobreza implica también una relación peculiar con la naturaleza caracterizada por el respeto y el cuidado. La tradición monástica recurre a la figura de Adán en el paraíso para dar a entender cómo el monje cultiva la tierra y vive en armonía con los animales. La naturaleza es fuente de contemplación y de asombro y de alabanza. No es objeto de dominación y posesión. Actualmente supone una conciencia de que la vida humana está vinculada a la vida de la naturaleza. Formamos un eco-sistema. Existe una biocenosis de todos los vivientes del planeta tierra[96]. Por eso, la preocupación por el futuro del planeta entra dentro del horizonte de la pobreza evangélica. Temas como el cambio climático, la contaminación, la distribución de los recursos de la energía, el cuidado de la vida etc. tienen que ver con la creación y el reino de Dios. Forman parte de la casa de la familia humana. En el sueño de nuestro Dios pertenecen a todos los seres humanos. Y están destinados a participar, de alguna manera, en la nueva creación.

El ser humano ha sido creado como cima de la naturaleza. Pero tiene el mandato de dominarla, de cultivarla y respetarla. Su vocación es continuar la dinámica de la creación en expansión y evolución constante. El ser humano pertenece a la naturaleza y esta pertenece al hombre. Se necesitan recíprocamente. Están llamados a sostenerse y cuidarse mutuamente.

---

[96] Cf. J. C. R. García Paredes, *Ecología del Espíritu*, Madrid 1998.

El voto de pobreza tiene una dimensión natural y una dimensión social.

Vivir el voto de pobreza implica la capacidad de admirar y disfrutar de la naturaleza como parte integrante de los dones de Dios para formar la gran familia humana. El desprendimiento del afán posesivo capacita para la gratuidad. No se trata de la ética del capitalismo que propugna austeridad de vida para fomentar el trabajo y la producción. Esa no es austeridad evangélica. Esta brota de la confianza puesta absolutamente en el Dios de la historia que modifica y mitiga la codicia posesiva del corazón humano.

Actualmente una forma de vivir la espiritualidad del voto de pobreza implica una conciencia ecológica de responsabilidad y colaboración en el cuidado de la creación de Dios, pues constituye el ecosistema de nuestra vida. «No es posible quedarse al margen ante los grandes e inquietantes problemas que atenazan a la entera humanidad, ante las perspectivas de un desequilibrio ecológico, que hace inhabitables y enemigas del hombre vastas áreas del planeta. Los países ricos consumen recursos a un ritmo insostenible para el equilibrio del sistema, haciendo que los países pobres sean cada vez más pobres»[97]. Es necesaria una conversión ecológica que nos capacite para escuchar con mayor atención «el grito de la tierra y de los pobres»[98]. Una auténtica conciencia ecológica integral, de la naturaleza y del hombre, implica una auténtica revolución cultural.

---

[97] *Caminar desde Cristo*, n. 45.
[98] Cf. *Laudato si'*, nn. 3, 49, 114.

Siguiendo la propuesta de Enrique Marroquín, podemos resumir la conciencia y sensibilidad ecológica en las tres erres[99]:

7.1. Reciclar

Y esto tiene aspectos muy concretos en el consumo de bienes tan cotidianos como el papel, las basuras domésticas. Utilizar productos más compatibles con el cuidado de la creación, que forma parte de la misión del hombre en la historia. Este cuidado de la creación brota de la convicción de que es un don de Dios destinado a todos, a las generaciones presentes y futuras. No hace falta amenazar con presagios de catástrofe, como el cambio climático, el agotamiento de la energía, la escasez de agua, el riesgo de la pérdida de biodiversidad.

7.2. Reducir

Ser ecológicamente pobre implica ahorrar energía; utilizar menos el ascensor, utilizar los transportes públicos en lugar del coche privado; ahorrar agua, ajustar el uso de la calefacción y del aire acondicionado, separar residuos, tratar con respeto a los demás seres vivos, plantar árboles[100]… Este estilo de pobreza por motivación ecológica testimonia públicamente que hay vida más allá del consumo; que hay felicidad más allá del dinero. Por razones derivadas del futuro del planeta tierra, que Dios nos ha dado, necesitamos una «espiritualidad del decrecimiento». La simplicidad de las condiciones de vida es

---

[99] Enrique MARROQUÍN, *Otro mundo es posible. Justicia, paz e integridad de la creación*, Publicaciones Claretianas, Madrid 2006, p. 275.

[100] El papa Francisco, en la carta encíclica *Laudato si'*, baja a muchos detalles al hablar del compromiso ecológico y de las virtudes necesarias para ello, por ejemplo, n. 211.

un mandato de la creación. Necesitamos un «consumo sostenible».

7.3. Recordar

Recordar la importancia de y el deber de reciclaje. Crear una cultura del uso sostenible de los bienes. Recordar y denunciar a las autoridades el despilfarro de los bienes que pertenecen a toda la humanidad. Recordar la importancia ética de un desarrollo auto-sostenible. «Comprar es siempre un acto moral, y no solo económico»[101]. Se necesita un estilo de vida alternativo, nuevos hábitos de consumo, responsabilidad ambiental. «Espero también que en nuestros seminarios y casas religiosas de formación se eduque para una austeridad responsable, para la contemplación agradecida del mundo, para el cuidado de la fragilidad de los pobres y del ambiente»[102].

Vivir el voto de pobreza hoy implica ser testigos de un estilo de vida no agresivo con respecto a la naturaleza. Ser testigos de un estilo de vida autosostenible en cuanto al consumo de energía, de agua, en cuanto a la contaminación...

Junto a estas tres formas de pobreza vinculadas con la ecología se pueden mencionar otras que concretan y expresan esa actitud no-posesiva ni consumista. Los que proponen un modelo de economía circular suelen mencionar hasta siete erres:

— Repensar el proceso de producción.

— Rediseñar para ampliar la duración de los bienes y objetos de consumo.

— Reutilizar las cosas el máximo tiempo posible.

— Reparar en lugar de desechar.

---

[101] *Laudato si'*, n. 206.
[102] *Laudato si'*, n. 214.

— Renovar a base de los componentes de los equipos.

— Reciclar.

— Recuperar los materiales utilizados para producir otros nuevos.

Son nuevas fronteras de la pobreza. Es probable que la gran máquina de la excitación al consumo siga funcionando a tope y despertando todo tipo de deseos de consumo. Pero no por ello deja de ser importante que algunos grupos concienciados anuncien que otro estilo de vida es posible. Y saludable.

La inspiración espiritual del control de las necesidades y los deseos tiene aquí un nuevo campo de verificación. No es más rico el que más tiene sino el que menos necesita.

Es contrario al voto de pobreza el consumismo exagerado al que conduce la prisa de vivir y la codicia de acumular. Si el corazón humano es una fábrica de deseos insaciables, la bienaventuranza de Jesús nos propone un sabio camino de simplicidad y de austeridad de vida[103] Nos enseña a auto-limitar nuestros deseos. Y ello es posible si la persona está centrada en lo esencial. La pobreza evangélica en cuando simplicidad de vida implica que progresivamente: Deseo poco y lo poco que deseo lo deseo poco.

8. *Dimensión misionera*

La pobreza evangélica está al servicio de la cultura de la vida y en contra la cultura de la muerte; está en contra de la acumulación de los bienes que se convierte en privación de

---

[103] *Vita consecrata*, nn. 89-90.

los débiles[104]. Los bienes de la creación están destinados para todos. El Papa Francisco nos recuerda con insistencia el destino universal de los bienes. «La solidaridad es una reacción espontánea de quien reconoce la función social de la propiedad y el destino universal de los bienes como realidades anteriores a la propiedad privada»[105].

Jesús de Nazaret centró y configuró su vida movido por la pasión del reino de Dios. Esta fue su la gran causa y misión que centro su actividad y su camino. La pobreza evangélica es una forma de continuar la misión de Jesús en la discontinuidad del tiempo de la Iglesia: anunciar el Reino como la gran fiesta de la fraternidad universal. La pobreza es una realidad evangélica que afecta a toda la Iglesia; está llamada a ser Iglesia en salida, ágil y desprendida, Iglesia misionera.

La pobreza evangélica de la vida consagrada es disponibilidad para la misión; ello conlleva una actitud de despojo de las propias seguridades, de las zonas de confort; comporta la desinstalación de la propia tierra, de la propia lengua, de la propia cultura etc. El voto de pobreza implica apertura y disponibilidad para compartir los bienes tanto personales como materiales con los necesitados. Uno de los bienes que en la actual etapa histórica se considera muy valiosos es el tiempo. Por eso resulta significativo el desprendimiento del

---

[104] Aloysius PIERIS, «Monastic poverty in the Asian Context», en: *Love meets Wisdom. A Christian Experience of Buddhism*, Quezon City 1988, pp. 39-96; Pablo RICHARD-Ignacio ELLACURÍA, «Pobreza/pobres», en: Casiano FLORISTÁN-Juan José TAMAYO (eds.), *Conceptos fundamentales del cristianismo*, Madrid 1993, pp. 1030-1057; J. B. LIBANIO, «El impacto de la realidad sociocultural y religiosa sobre la vida consagrada desde América Latina», en: *Pasión por Cristo, pasión por la humanidad (Congreso internacional de la vida consagrada)*, Madrid 2005, pp. 151-194.
[105] *Evangelii gaudium*, n. 189.

propio tiempo para darlo a los demás en forma de servicio, de escucha, de acompañamiento.

La pobreza evangélica es un signo de la autenticidad del mensaje evangélico. La riqueza, por el contrario, puede desacreditar el mensaje (2Co 6,3). Las formas de pobreza están muy ligadas a los ciclos sociales y culturales, a la historia y las situaciones de los pueblos. Es necesario discernir los signos de pobreza que son significativos de evangelio en cada tiempo y lugar.

9. Dimensión comunitaria

El voto de la pobreza evangélica incluye el compartir los bienes, los sentimientos, los talentos y la vida de cada uno. Es cuestión de solidaridad fraterna en la austeridad y sencillez de vida, en la inseguridad y la vulnerabilidad. La comunión de bienes y de misión brota de la comunión de la vida en Cristo. Esa comunión en la vida divina es la que alimenta la comunión de la vida fraterna: Desde esa profunda unidad del cuerpo de Cristo, las comunidades religiosas se proponen manifestar públicamente la dimensión de fraternidad. Los discípulos de Jesús formamos una comunidad de hermanos que comparten la vida, la fe, la misión, los bienes. Como la comunidad primitiva de los Hechos se proponen tener un solo corazón y una sola alma.

La comunión de la vida, de los bienes y de los caminos implica la capacidad de asombro ante las maravillas que Dios hace con su pueblo; la capacidad de agradecer el don de Dios; lo gratuitamente recibido de Dios en la historia personal y comunitaria de salvación.

El voto de pobreza por motivos religiosos implica poner en común los bienes personales y materiales con los hermanos en la comunidad. Y compartir los bienes lleva consigo renunciar a la propiedad privada de los bienes que reciben por su ministerio, y también al uso y al usufructo. La persona con voto de pobreza se hace interdependiente de la economía comunitaria. De esta manera la economía de una comunidad o congregación es una economía de la gratuidad, contrapuesta a una economía de conveniencia[106].

El voto de pobreza conlleva la responsabilidad y colaboración en el trabajo. El irresponsable con el deber de trabajar no es un pobre evangélico. Es evidente que el trabajo conlleva una carga penosa; requiere esfuerzo y energía. Implica una forma de relacionarse y colaborar. Y también de competir. Pero en tiempos de desempleo aparece el trabajo no solo en su valor instrumental de ganar dinero, sino también en su valor de dignificación. El trabajo es fuente de realización personal. Y, en ese sentido, también de satisfacción personal.

La vivencia del voto de pobreza está en el contexto del sentido concreto que tienen los bienes de la tierra. El magisterio de la Iglesia nos recuerda el destino universal de los bienes, y que este destino es anterior al derecho de propiedad privada. Y la propiedad tiene una función de solidaridad. Esta «supone crear una nueva mentalidad que piense en términos de comunidad, de la prioridad de la vida de todos sobre la apropiación de los bienes por parte de algunos»[107]. «La solidaridad debe vivirse como la decisión de devolverle al pobre lo que le corresponde»[108].

---

[106] Sandra Schneiders utiliza esta contraposición en su artículo titulado «La vida religiosa en el futuro», en: *Pasión por Cristo, pasión por la humanidad (Congreso Internacional de la vida consagrada)*, Madrid 2005, p. 238ss.
[107] *Evangelii gaudium*, n. 188.
[108] *Evangelii gaudium*, n. 189.

10. Dimensión escatológica

Los votos constituyen la trama de una forma de vida fraterna que intenta anticipar el futuro que esperamos, intenta significarlo; es una forma de sacramentar el futuro. Los votos son un grito hacia la consumación prometida en la resurrección del Crucificado. Señalan pistas del futuro que esperamos. Y ello es posible gracias a que la salvación se ha hecho ya definitivamente presente en nuestra historia; la gracia, en medio del pecado; lo definitivo, en medio de lo provisional. La vida votiva es promesa y profecía de la consumación que esperamos. En de la opacidad del tiempo presente quiere mostrar el largo amanecer del reino que se está realizando ya en la historia. En contraposición, el matrimonio cristiano acentúa la encarnación del reino ya presente en la historia presente[109].

Para captar mejor el sentido escatológico del voto de pobreza es pertinente conectarlo con el tema veterotestamentario del escándalo de las riquezas para así llegar a la bienaventuranza de Jesús: dichosos los pobres de espíritu.

En el Antiguo Testamento la retribución de las obras humanas por el Dios justo se realiza según la ecuación: a los buenos Dios les retribuye con bendiciones y bienes temporales; a los impíos Dios les retribuye con desgracias, fracasos... Y esto acontece con lógica histórica: cuando el pueblo es fiel a la alianza tiene éxito histórico y político; cuando el pueblo no cumple la alianza termina en el fracaso. Visto en la perspectiva ascendente ello significa que el rico es bendecido por Dios y el pobre no lo es.

La experiencia, sin embargo, dice que eso no es exactamente así, que los impíos progresan y tienen éxito, mientras

---

[109] *Amoris laetitia*, nn. 158-162; referido a la virginidad.

que los justos, los piadosos sufren enfermedad, desgracia y fracaso.

Esa experiencia constituye un escándalo cuando se junta con la visión teológica de la justicia de Dios como premiador y castigador. El ejemplo más tematizado es el de Job, según la parte central del libro. La introducción y la conclusión representan la tesis tradicional. El cuerpo del libro representa el cuestionamiento radical de esa tesis[110].

Hay muchos pasajes en que se tematiza el escándalo de las riquezas y la prosperidad de los malvados; se convierte en una queja frente a Dios. Cuestiona la justicia de Dios. Si Dios no nos protege por servirle, por ser fieles, entonces es inútil servir al Señor:

> «Duras me resultan vuestras palabras, dice Yahvé. —Y todavía decís: ¿Qué nos hemos dicho contra ti? —Habéis dicho: Cosa vana es servir a Dios; ¿qué ganamos con guardar su mandamiento o andar en duelo ante Yahvé Sebaot? Ahora pues llamamos felices a los arrogantes: aun haciendo el mal prosperan, y aun tentando a Dios escapan libres» (Mal 3,13-15).

La superación de este escándalo viene por la profundización de la imagen de Dios y de su justicia. La relación con Dios, el servicio a Dios es valioso por sí mismo, no porque traiga ventajas para andar por este mundo, no porque traiga prosperidad (Sal 37; Sal 73). Otro punto que contribuye a superar este escándalo de la prosperidad de los impíos es la ruptura del horizonte meramente temporal de la retribución y de la relación con Dios.

---

[110] Cf. *Biblia de Jerusalén*, introducción a los libros sapienciales p. 603-604; cf. salmos 37 y 73.

Desde esa doble perspectiva, las riquezas pueden perder su carácter idolátrico, su carácter de escándalo para los justos mientras vivimos en este mundo. Ese horizonte de encuentro personal con Dios como riqueza y dicha de la vida, y la perspectiva de que la vida no termina en la muerte hacen posible desactivar el gran escándalo de la prosperidad de los impíos. En definitiva, el escándalo de que la vida no parece hacer distinción entre justos e impíos; que distribuye salud y enfermedad, miseria y prosperidad, amor y desamor, según otros parámetros que no son los del servicio a Dios o la negación de él.

En este recorrido de dar sentido a la vulnerabilidad y la opresión se desarrolla la confianza en Dios. Descubren que Dios hace una alianza con los pobres; es el defensor de los débiles; es el que escucha sus gritos y sus oraciones…se identifica con ellos…es el Dios de los pobres… su defensor y valedor. Los salmos abundan en esta idea. Pero también otros muchos pasajes de la Escritura. (1Sa 2,8: el cántico de Ana, prototipo del Magníficat; 2Sa 22,26; Is 11.4)[111].

Actualmente en la sociedad se está viviendo una especie de religión del consumo. La aceleración del consumo se debe, en primer lugar, a causas sociales y económicas. Pero si se mira hasta el fondo tiene que ver con el sentido último de la vida. El consumo representa una compensación de las decepciones. Esta conexión es fácil de entender desde la experiencia personal. Pero el consumo tiene el atractivo de intensificar la vida, de disfrutar con prisa del tiempo, porque es corto; el horizonte de la vida está determinado por la muerte. Precisamente por eso el consumo se intensifica especialmente en el cuidado

---

[111] Amplias referencias bíblicas en James D. G. DUNN, *Jesús recordado*, Estella 2009, p. 593ss.

de la salud y del cuerpo en general. Es una lucha contra la muerte y la caducidad.

La pobreza evangélica implica esencialmente la experiencia de que la vida está en buenas manos, que alguien que nos ama terminará dándonos la plenitud que soñamos y esperamos. En la medida en que la esperanza escatológica está presente en la vida personal y colectiva, es posible disfrutar del mundo sin ser del mundo. Y esto significa: sin ser dependientes de las compensaciones que no satisfacen nuestras necesidades profundas. «La pobreza viene a ser (...) la mejor definición de la esperanza cristiana y de la infancia espiritual»[112].

11. Dimensión formativa

El proceso de crecimiento en la pobreza implica el crecimiento en la libertad de espíritu. Y esto implica la lucha contra lo que nos esclaviza. Nos esclavizan los miedos a no tener bastante. Nos esclaviza la avaricia que nos lleva a acumular bienes para sentirnos seguros. Nos esclaviza el miedo a la muerte, «para aniquilar mediante la muerte al señor de la muerte, es decir, el Diablo, y libertar a cuantos, por temor a la muerte, estaban de por vida sometidos a la esclavitud» (Hb 2,14-15)

Nos libera la confianza absoluta puesta en el Padre que nos ama incondicionalmente y ha hecho una alianza de amor eterno con nosotros. Nos libera el desapego de las cosas, el necesitar pocas cosas, y necesitarlas poco. Esta progresiva liberación dura toda la vida. La biografía personal, con sus etapas, nos va impulsando en este duro aprendizaje[113].

---

[112] Severino Mª ALONSO, *Identidad de la vida consagrada*, Madrid 1998, p. 377.
[113] Cf. Eloi LECLERC, *Sabiduría de un pobre*, Madrid 1982.

Contamos con que el Dios de Jesús es nuestra gran riqueza y que un día llevará nuestra vida a la plenitud de la realización. Llegaremos a ser la persona que hemos soñado ser. Dios terminará haciendo prevalecer justicia sobre nuestra historia humana. Llegaremos a la hora de la verdad plena. Pero mientras vivimos en el flujo de la historia, el voto de pobreza evangélica implica un estilo de vida que se va personalizando y requiere esfuerzo, renuncia y despojo.

- La pobreza es sencillez y humildad en nuestra persona como talante existencial; implica una actitud servicio al proyecto de Dios, de adoración y dependencia, y, en consecuencia, una actitud de lucha contra la autosuficiencia.

- Austeridad como condición de libertad. Vivir con lo necesario y estar contentos. Tener alma de pobre libera de las obsesiones y angustias respecto a la seguridad. Tener alma de pobre es ir aprendiendo a relacionarse con Dios respetando sus desconcertantes silencios y su misterio sin afán de posesión, «dejando que el Padre me haga su hijo; que el Hijo me haga verdad; y que el Espíritu realice mi definitivo enamoramiento»[114].

- Pobreza es compartir nuestras cosas y bienes con los demás, puesto que no las «poseemos», sino que las utilizamos y usamos personalmente, pero con la clara conciencia de que los bienes de la tierra han sido creados para todos.

- Compartir el tiempo. Es claro que una de las expresiones de nuestro afán de posesión se refiere al tiempo. Queremos habitar el tiempo y poseerlo, pretendemos

---

[114] Nicolás CABALLERO, *Alma de pobre, esta es la cuestión*, Publicaciones Claretianas, Madrid 1998, p. 18.

asegurarlo y acumularlo. La verdad es, sin embargo, que apenas podemos disponer del instante presente. Se tiene la conciencia de que el tiempo es un bien muy preciado, pero escaso. Oímos y decimos con frecuencia «no tengo tiempo». Esta expresión hace referencia a las muchas tareas que queremos hacer. Pero si vamos más al fondo, nos damos cuenta de que realmente no tenemos tiempo; no lo podemos detener. No lo podemos acelerar. Es como el agua de un río que nos lleva hacia la muerte. La experiencia del tiempo nos pone ante la evidencia de nuestra dependencia; somos criaturas.

- Vigilar las apropiaciones que hacemos en nuestra vida diaria: las cualidades y habilidades, títulos académicos, cargos, casas, coches, oficios…El desprendimiento y la libertad en el uso de los bienes constituye una fuente de gozo y de alegría.

- Pobreza y trabajo: quien es pobre no se puede permitir el lujo de no trabajar. Trabajar es un don y tarea… Es una forma de ganarse la vida. Y también una manera de realización personal. Esto aparece, por contraste, en muchos casos con gran claridad al llegar la situación de jubilación del mundo laboral, y más todavía en situaciones de paro por desempleo.

- La pobreza conecta con el misterio de la salvación. El misterio de la encarnación es abajamiento y desprendimiento; el Hijo se despoja de la gloria y se oculta en la condición humana finita. La salvación acontece en la pobreza, en las limitaciones de la vida humana del Hijo de Dios. Es su condición de pobre y su camino de empobrecido, rechazado, condenado y crucificado el que nos va mostrando la salvación. Nuestra redención tiene que ver no solo con nuestras potencialidades sino también con nuestras menesterosidades; estamos sometidos al sufrimiento, al desgaste, a la muerte. La pobreza de nuestra condición humana es instrumento y clamor de salvación.

• Educar el deseo. Vivimos en una sociedad consumista. Su existencia exige como condición de viabilidad la exasperación de los deseos. Se vuelven insaciables. Cuanto más insaciables son nuestros deseos, más insatisfechos vivimos. La codicia no tiene límites; es tan grande como la finitud y la inseguridad humana. De ahí el sentido de educar nuestros deseos en la austeridad y simplicidad de vida como camino de felicidad y de santidad, como una manera de ser «*memoria viviente del modo de existir y de actuar de Jesús* como Verbo encarnado ante el Padre y ante los hermanos»[115].

12. Dimensión de opción por los pobres

Ya he aludido a esta característica al hablar de la dimensión cristológica del voto de pobreza. Pero es una dimensión que conviene resaltar.

12.1. Dimensión social

Aquí contemplamos a los pobres no individualmente; los contemplamos como realidad social y colectiva. Se trata de realidades colectivas: pueblos, naciones, clases sociales[116].

---

[115] *Vita consecrata*, n. 22.
[116] Gustavo GUTIÉRREZ, «Pobres y opción fundamental», en: *Mysterium Liberationis*, Vol. I, Madrid 1990, pp. 303-321; Ignacio ELLACURÍA, «La Iglesia de los pobres, sacramento histórico de liberación», en: *Mysterium Liberationis*, Vol. II, Madrid 1990, pp.127-153.

Otros califican la situación de la pobreza en el mundo como una realidad «histórica, colectiva, conflictiva, alternativa»[117].

La realidad de la pobreza colectiva tiene causas naturales y causas históricas; los pobres son, en gran medida, empobrecidos. Se trata de realidades sociales y conflictivas.

La miseria de las grandes mayorías de la humanidad es un problema ético para todos y teológico para los creyentes. La capacidad para dar testimonio de un Dios Padre de todos y salvador de todos pasa por la lucha contra la exclusión, la marginación, la injusticia. Está en juego la creencia en el verdadero Dios-amor o la confianza en los ídolos. La pobreza voluntaria y evangélica se deriva de que Dios es el bien supremo del hombre. Dios es la felicidad y plenitud de los seres humanos. La actitud del hombre bíblico ante Dios es de amor con todo el corazón, con toda la vida, con todos los bienes y posesiones[118]. La confesión del verdadero Dios implica la oposición a los ídolos.

La realidad social de los pobres es un grito teológico. Clama al cielo. Es contrario al proyecto de Dios. Revela el todavía-no del reino de la filiación y la fraternidad universal.

12.2. Nivel eclesial

Siguiendo las huellas del Nazareno, vivir la pobreza como bienaventuranza evangélica implica el escuchar el grito de los pobres, de los excluidos, de los que sufren. Jesús se conmovía

---

[117] Jorge Pixley-Clodovis Boff, *Opción por los pobres*, Madrid 1986, pp. 17ss.

[118] Ángel Aparicio, «El mandamiento principal», en: A. Aparicio (ed.), *Suplemento al Diccionario teológico de la vida consagrada*, Madrid 2005, pp. 698-724; cf. Id. *Inspiración bíblica de la vida consagrada*, Madrid 2011; cf. G. Theissen-A. Merz, *El Jesús histórico*, Salamanca 1999, p. 426ss.

al ver a la gente como ovejas sin pastor. Jesús siente la necesidad de abrir los estrechos márgenes de la ley; abre el corazón al amor a los «perdidos», a los «excluidos», a los que no tienen lugar en los parámetros de la salvación.

Jesús hace opción por los pobres[119], a la zaga de la profecía de Isaías 61,1.

Siguiendo las opciones históricas de Jesús, los seguidores de Jesús en la vida religiosa prometen y se comprometen a asemejarse a Jesús también en esta dimensión. Siguen a Jesús que es el Mesías y la esperanza de los pobres y excluidos.

En Medellín (1968) y Puebla (1979) se formula claramente la opción preferencial por los pobres. Es un modelo de pobreza provocativo y profético; responde a los desafíos de la situación actual: «Cuántas personas consagradas se desgastan sin escatimar esfuerzos a favor de los últimos de la tierra!»[120]. El amor preferencial por los pobres se manifiesta de manera especial en compartir las condiciones de vida de los más desheredados[121].

Cristo se ha identificado con los pobres; en ellos se descubre el rostro de Cristo (Mt 25,35-36). El Magisterio invita a reconocer en la persona de los pobres una presencia especial de Cristo que impone a la Iglesia una opción preferencial por ellos[122].

Ha sido el papa Francisco el que ha llamado con más apremio a toda la Iglesia a tener en cuenta esta dimensión. Dios escucha el clamor de los pobres. «El imperativo de escuchar el

---

[119] Cf. James D. G. DUNN, *Jesús recordado*, Verbo Divino, Estella 2009, pp. 590ss.
[120] *Vita consecrata*, n. 89.
[121] Cf. *Vita consecrata*, n. 90.
[122] *Caminar dede Cristo*, n. 34.

clamor de los pobres se hace carne en nosotros cuando se nos estremecen las entrañas ante el dolor ajeno»[123]. Más adelante el Papa hace una síntesis de los motivos teológicos de esta opción por los pobres.

«Para la Iglesia la opción por los pobres es una categoría teológica antes que cultural, sociológica, política o filosófica. Dios les otorga "su primera misericordia". Esta preferencia divina tiene consecuencias en la vida de la fe de todos los cristianos, llamados a tener "los mismos sentimientos de Jesucristo" (Flp 2,5). Inspirada en ella la Iglesia hizo una opción por los pobres entendida como una "forma especial de primacía en el ejercicio de la caridad cristiana, de la cual da testimonio toda la tradición de la Iglesia"…Estamos llamados a descubrir a Cristo en ellos, a prestarles nuestra voz en sus causas, pero también a ser sus amigos, a escucharles a interpretarlos y a recoger la misteriosa sabiduría que Dios quiere comunicarnos a través de ellos»[124].

12.3. A nivel de vida consagrada

La opción por los pobres suele estar presente en los documentos de las congregaciones apostólicas, tanto en las constituciones como en los documentos capitulares. Suele estar

---

[123] *Evangelii gaudium*, n. 193.
[124] *Evangelii gaudium*, n. 198.

presente en las programaciones pastorales[125]. El problema es cómo se vive y se pone en práctica esa voluntad de constituir un signo, aunque sea pobre, como la cueva y la cruz de Jesús, que denuncie la reducción del tener y pronuncie un mensaje a favor de los empobrecidos. Me parece muy iluminadora esta propuesta de Dolores Aleixandre:

«Recordar alguna de nuestras declaraciones capitulares sobre la opción preferencial por los pobres (solemos escribirlo con mayúsculas) y tratar de pasar tan magnífica decisión a minúsculas, calderilla y cómodos plazos, que conviertan la proclamación en realización, aunque sea modesta. Irla paseando por nuestro "cuerpo comunitario": por nuestros ojos (qué leemos, a qué fuentes de información acudimos, en qué tipo de personas nos fijamos, qué programas de TV preferimos...); por nuestros oídos (qué voces, opiniones y juicios tienen más influencia en nosotros, de qué medio social proceden, desde qué experiencia hablan...); nuestros pies (qué lugares frecuentan, a quiénes visitan, dónde se detienen, de dónde escapan...); nuestras manos (para quiénes trabajan, a quiénes sirven, con qué situaciones contactan...); nuestro corazón (hacia quiénes se inclina, por quiénes se conmueve, por qué causas se apasiona...). Y, al acabar el recorrido, en vez de hundirnos en atormentadas culpabilidades, buscar juntos en nuestro mapa vital cómo

---

[125] Ya el papa Pablo VI publicaba la exhortación apostólica *Evangelica testificatio* el 29 de junio de 1971, en los números 16-22 enseña que la pobreza consagrada incluye:
— invitación a escuchar el grito de los pobres como llamada a una conversión de la mentalidad y de los comportamientos en relación con los bienes;
— no tener compromiso con la injusticia y trabajar por la justicia;
— poner obras al servicio de los pobres;
— compartir los bienes, dentro y fuera de la comunidad;
— testimoniar el sentido humano del trabajo.

hacernos buscadores de caminos, salir fuera de los muros que nos protegen y situarnos en alguna encrucijada, al alcance de esa gente a quienes la marginación hace imprecisos, socialmente mudos e inapreciables. Y reconocer esos lugares como privilegiados para entrar en comunión con el Compasivo y *"tener parte con Él"* (cf. Jn 13,8)»[126].

Las implicaciones de la opción por los pobres[127] se expresan y se viven en distintos grados de compromiso e identificación con ellos:

1. Luchar contra la pobreza personal y social.
2. Leer la realidad desde la perspectiva y los intereses de los pobres.
3. Trabajar por la promoción material y espiritual de los pobres.
4. Convivir con ellos compartiendo sus luchas y esfuerzos.
5. Vivir como ellos si nos sentimos llamados a esa gracia.
6. Descubrir en ellos el rostro de Cristo.
7. Dejarse evangelizar por ellos.

La pobreza voluntaria y evangélica es un carisma del Espíritu. Está vinculado al carisma y misión fundacional de cada orden o congregación. La forma de configurarlo y hacerlo visible depende de la misión congregacional. Depende también

---

[126] «Buscadores de pozos y caminos. Dos iconos de la vida religiosa samaritana», en: *Pasión por Cristo, pasión por la humanidad* (Congreso internacional de vida Consagrada) Madrid 2005, p. 129.

[127] Ignacio Ellacuría, «La Iglesia de los pobres, sacramento histórico de liberación», en *Mysterium Liberationis* II, Madrid 1990, pp. 127-153; J. I. González Faus, *Vicarios de Cristo. Los pobres en la teología y en la espiritualidad cristiana*, Madrid 1991; Gustavo Gutiérrez, *La fuerza histórica de los pobres*, Salamanca 1972; Julio Lois, *Teología de la liberación. Opción por los pobres*, Madrid 1986.

de variables sociales, nacionales e históricas. Pero no podrá olvidar su carácter de signo evangélico.

1. ¿Tengo sueños?

2. ¿Tengo objetivos y proyectos?

3. ¿Tengo recuerdos? ¿En qué medida me esclavizan y/o vitalizan los recuerdos?

4. ¿Tengo cicatrices y heridas de la vida?

5. ¿Tengo necesidades que son carencia y potencia?

6. ¿Tengo confianza en mí mismo/a?

7. ¿Tengo dificultades y obstáculos?

8. ¿Qué es lo mejor que he recibido: cualidades, fortalezas, valores?

9. ¿Me poseo a mí mismo? ¿Me tengo a mí mismo? ¿Tengo mi vida en mis manos?

10. ¿Estoy viviendo la vida que quiero vivir?

11. ¿Soy el protagonista de mi vida? ¿Llevo yo las riendas de mi vida?

12. ¿Funciono como un autómata? ¿Reconozco los dones que hay en mí?

13. ¿Guardo muchos recuerdos?

14. ¿Guardo muchos papeles, fotocopias, apuntes, cartas…?

15. ¿Soy comprador compulsivo?

16. ¿Sufro, de alguna manera, el síndrome de Diógenes?

17. ¿Tengo prestigio en la comunidad?

18. ¿Cuidar la imagen que tengo, ¿me consume muchas energías? ¿Cuáles?

19. ¿Me justifico por lo que hago? ¿Me esclavizan mis actividades? ¿Qué miedos me inducen a comportarme así?

20. Escenas, palabras, relaciones de la vida de Jesús que me interpelan más.

21. ¿A qué me cuesta más decir adiós?

22. ¿A qué lugares, obras, personas me siento más vinculado?

23. ¿Es mi mundo el mundo de los pobres? Coincidencias y diferencias.

24. ¿Qué consecuencias tiene para mí el ver la sociedad desde la óptica de los pobres?

25. ¿Emplean las constituciones de tu congregación la expresión «opción por los pobres»? ¿Cómo la explican o definen?

26. ¿La relacionan con la misión de la congregación? ¿De qué manera?

27. ¿De qué modo y con qué actitud podemos ponernos al servicio de los pobres? ¿Cómo hacerles sentir que son los predilectos de Dios?

28. ¿Los pobres son sujetos activos de evangelización: son maestros para nosotros?[128].

29. ¿Cómo es mi relación con los pobres?

30. ¿Creo que personalmente he optado por los pobres? ¿En qué se manifiesta?

31. ¿Es mi mirada a la sociedad la mirada de los excluidos?

---

[128] Cf. *Religiosos y promoción humana*, n. 4.

Capítulo V
Voto de obediencia religiosa

La obediencia religiosa es fundamentalmente una actitud de fe-confianza en Dios; nace de la escucha de la Palabra de Dios y de la obediencia de la fe, en cuanto obsequio racional a la Palabra de un Dios que es auto-creíble. Es ejercicio concreto de la fe que escucha, acoge, discierne, contrasta, celebra, practica y busca la voluntad de Dios. Se obedece a Dios en la medida en que se revela en la historia de la salvación centrada en Cristo y continuada en la Iglesia bajo la acción del Espíritu Santo en camino hacia la parusía. Se trata de la gran historia de amor y de alianza, de promesa y de fidelidad. Se obedece a Dios en el santuario de la conciencia y en el sacramento de la fraternidad[129]. La obediencia evangélica es escucha al Dios que se comunica, nos habla, nos muestra caminos de vida y nos promete y garantiza que la historia de los hombres es historia de salvación.

El proceso de la obediencia recorre el camino inverso al que Dios mismo traza hacia nosotros. La *trascendencia* de Dios Padre por la *condescendencia* del Hijo se ha hecho *inmanencia* en la humanidad filial de Jesús para convertirla en *transparencia* del amor del Espíritu.

---

[129] Cf. *Vida fraterna en comunidad*, nn. 47-53; *Vita consecrata*, nn. 43 y 91; *Caminar desde Cristo*, n. 14; *Faciem tuam*, n. 20, g.

La obediencia evangélica no es

1. No es renuncia a la propia libertad y voluntad. La obediencia evangélica no puede ser renuncia a la libertad personal. No es la obediencia servil. No nos exime de tomar las decisiones que construyen el proyecto de vida. Es camino para crecer en la libertad. Implica dejarse interpelar y acompañar.

En la tradición de la vida monástica es la Regla del maestro la que entiende la obediencia como renuncia a la propia voluntad, y esto, no para obedecer al abad o por buscar un bien común superior. Se renuncia a la propia voluntad libre, porque es mala. Parte de un pesimismo antropológico[130].

2. No es seguidismo o gregarismo. Esa es la obediencia a los poderes sociales: modas, publicidad, costumbres, las redes sociales. Esta clase de obediencia se traduce en estandarización y masificación; ya no somos personas libres, grupos responsables y activos, somos masa de consumidores y clientes. Los grandes poderes económicos tienden a hacernos sumisos, a adormecernos y obsesionarnos con el consumo, con el tiempo libre... Dentro de la formación para la vida consagrada de otro tiempo se insistía demasiado en la formación de hábitos, en la connaturalización con las estructuras para vivir y servir dentro de la orden o congregación; se insistía mucho en interiorizar una serie de comportamientos y rutinas que venían exigidas por la vida comunitaria y la vida regular, muy reglamentada y organizada; dejaba pocos espacios para la decisión personal.

---

[130] Regla del Maestro 81, 15; 82, 19.31; 90,48; 92, 10; 97,19.

3. No es servilismo, proveniente de la coacción interna o externa. Y esta puede configurarse como obediencia esclavizadora a la tiranía de la propia imagen: fama, reputación, prestigio. La obediencia religiosa no requiere la actitud del súbdito y del vasallo con respecto a su señor. Obedecer a los poderes políticos que tienden a absolutizarse a sí mismos y que se imponen por la fuerza suscitando «súbditos», personas sometidas por el temor o por la fuerza, no es necesariamente una actitud virtuosa, sino renuncia a sí mismo como sujeto de derechos[131].

4. No es esclavitud al ego. También esta es una realidad de nuestra vida que tiende a esclavizar; la sumisión a los dictados de nuestra propia imagen interior. Es sano tomar conciencia de quién o quiénes son los señores de mi vida, quién manda y dirige mi vida; hay obediencias que son en realidad esclavitud a los rigores de la propia imagen; que son culto al prestigio social; dedicamos muchas energías para mantener el prestigio de personas virtuosas, honestas, prudentes, libres. Y en el fondo tenemos que reconocer que estamos obedeciendo a guiones vitales y pautas que hemos asumido, los guiones de vida que nos han inculcado y asignado.

5. No es sumisión ni al éxito como camino de la felicidad y plenitud ni a otras personas del grupo, o a la improvisación del momento. Al éxito a toda costa se nos invita en la sociedad actual: ser el primero de la clase, llegar a la cumbre de la profesión, lo antes posible. El que a los 40 años no haya llegado al éxito profesional, no va

---

[131] «En el contexto en que vivimos no es posible utilizar el lenguaje superior-súbdito. Lo que funcionaba en un contexto piramidal y autoritario no es ni deseable ni viable en el talante de comunión de nuestra manera de sentirnos y querernos Iglesia», CIVCSVA, *A vino nuevo odres nuevos*, n. 24.

a llegar... Por otro lado, hay que reconocer que en un grupo humano siempre se da algún ejercicio de poder: sea reconocido u oculto, formal o informal, individual o grupal; eso de que «en el grupo nadie manda y nadie obedece o bien todos mandan y todos obedecen» parece mucho idealismo. El espacio del poder en un grupo nunca está vacío, alguien lo ocupa; el aparente vacío de poder somete al grupo al malestar de la indecisión; o lo somete a un régimen asambleario de luchas constantes por la toma de decisiones.

6. No es instrumentalización, es decir, dejarse usar para fines contrarios a la dignidad de la persona. Dejarse reducir a un medio para conseguir fines de otras personas, de las instituciones. Bien es cierto que la vida y la misión apostólica implica la dimensión social de colaboración con los objetivos de la organización congregacional, social, pastoral...Tenemos que hacer lo que no nos gusta, que es contrario a nuestros planes en un momento dado.

7. No es dependencia, por miedo a ejercer la propia responsabilidad. Uno se somete a los demás, a sus decisiones, a sus orientaciones. No se arriesga a ejercer la propia libertad por miedo a equivocarse. O por simple comodidad. Así uno no comete errores y nadie tiene de qué reprocharle o criticarle. Se siente intachable y perfecto. Pero la obediencia que se promete en la profesión religiosa no consiste en que otra persona toma las decisiones por nosotros. No implica que la voluntad de otra persona decida mis comportamientos.

8. No es contra-dependencia. Esta es propia de actitudes adolescentes; es una forma invertida de independencia; el contra-independiente se siente obligado a llevar la contraria. Se afirma en la oposición al que manda. «¿De

qué se habla que me opongo?». A las relaciones comunitarias cada uno lleva la experiencia y las huellas de la relación que ha vivido con sus padres, con las personas de autoridad en su infancia y adolescencia. Las personas que viven en esta actitud tienden a identificar la obediencia con la rebeldía frente a lo establecido. Suelen vivir en el conflicto.

9. No es fusión sicológica con otra persona[132]. Eso sucede cuando la relación interpersonal se establece como paternalismo o como infantilismo; uno juega a ser niño; cultiva y reitera las actitudes del niño; vive a la espera; juega a la adivinanza contando con que los demás tiene que adivinar lo que quiere y lo que le pasa; se apoya y se fusiona del todo en otra persona como la hiedra en la pared o en el árbol.

10. No es infantilismo. La obediencia evangélica no mantiene a las personas en su minoría de edad; ni es contraria al pensamiento crítico, ni a la emancipación. La obediencia religiosa no es la obediencia de un niño. Es ejercicio de la libertad y de la participación del adulto. Supone el ejercicio pleno de la propia inteligencia y la voluntad adulta de buscar y seguir realmente la verdad. Se trata de obedecer a la verdad tal y como la muestra la propia conciencia iluminada por la fe.

11. No es complacencia. Hay personas que sienten una inclinación compulsiva a complacer a la persona que estiman superior; necesitan estar bien con ella. Se sienten incapaces de decir que no. Necesitan constantemente sentirse aprobadas; viven desconectadas de sus propias necesidades y aspiraciones. Existe el peligro de idealizar

---

[132] Cf. Consuelo JUNQUERA, *Gestiona lo mejor de ti. Autoconfianza y dinamismo*, Madrid 2019, pp. 125ss.

esta actitud como modelo de obediencia. En realidad, la obediencia de la comunidad religiosa implica discernimiento comunitario. Es tarea colectiva que requiere la apertura para preguntar: ¿Qué quiere el Espíritu de nosotros? ¿Qué tenemos que hacer?

12. No es la victimación. Como si necesitara dar mi vida entera en correspondencia a lo que he recibido, a lo que otros han hecho por mí. Me siento tan en deuda con los demás, que no puedo sino sacrificar mi vida. Pero hay un límite en que el servicio a los demás se convierte en victimación y es entonces cuando se empieza a cobrar facturas. La persona que se hace la víctima pretende que los demás sigan eternamente dependiendo de sus servicios y luego de sus necesidades y lamentaciones.

Qué es la obediencia evangélica

En el desarrollo histórico que ha dado lugar a la vida consagrada como la conocemos actualmente la obediencia en forma de voto comienza en el siglo XII. En la etapa eremítica la obediencia es sobre todo de tipo espiritual, y se ejerce con respecto a un maestro espiritual. Cuando la vida consagrada se institucionaliza más la obediencia adquiere otras dimensiones. En las comunidades pacomianas la obediencia del monje consiste en realizar plenamente las promesas bautismales de obediencia a Cristo y renuncia a Satanás. Progresivamente se introduce una promesa escrita de obediencia. También San Benito pide una promesa de obediencia hecha ante Dios.

Podemos seguir estos pasos que se han dado en la historia

— la obediencia en el eremitismo, consiste en la renuncia a la propia independencia en relación con el maestro espiritual.

— La obediencia pacomiana, basiliana, agustiniana, franciscana: la obediencia entendida como caridad fraterna.

— La obediencia benedictina: obediencia como escucha.

— La obediencia en las órdenes mendicantes[133].

En todo caso el tipo de obediencia está configurado por el carisma y la misión de la orden, congregación, instituto. Aquí nos limitamos a los elementos comunes.

1. Dimensión antropológica

La libertad es una dimensión constitutiva de la persona humana (cf. GS 17) Las personas no estamos encerradas en el mundo de nuestros instintos de supervivencia, de reproducción. El hecho de ser libres nos saca de este marco estrecho, pero no pone ante la tarea de configurar nuestra libertad. Necesitamos vivir según un proyecto personal. Ello implica saber manejar la tensión entre seguridad y libertad. Por un lado, somos, en gran medida un producto social. Existimos en un colectivo social y cultural. Por otro lado, está la llamada a la libertad personal como un camino singular. No podemos dejarnos llevar por los dictados de la pertenencia familiar, cultural, social congregacional como si fuera nuestro destino.

El voto de obediencia es ejercicio de la libertad personal. Cada uno somos responsable de nuestra vida. Somos responsables ante Dios y ante la sociedad de cómo correspondemos a los dones y talentos que hemos recibido.

---

[133] Cf. Aidan NICHOLS, OP, *What is the Religious Life. From the Gospels to Aquinas*, Gracewing 2015; Jesús ÁLVAREZ GÓMEZ, *La vida religiosa ante los retos de la historia*, Madrid 1979; ID., *Historia de la vida religiosa, vol I: Desde los orígenes hasta la reforma cluniacense*, Madrid 1996; *vol II: Desde los Canónigos Regulares hasta las reformas del siglo XV*, Madrid 1989; *vol. III: Desde la «devotio moderna» hasta el vaticano II*, Madrid 1990.

La obediencia es ejercicio de la propia responsabilidad. Estamos llamados a ser fieles a nosotros mismos obedeciendo a las llamadas y dinamismos de nuestra propia conciencia. Estamos llamados a obedecer a la verdad.

Lo que está en juego en el tema de la obediencia/autoridad es el problema de la comprensión de la libertad.

La libertad no es indecisión, desvinculación. No es más libre el que no se compromete con nada, ni se vincula a nada. No es más feliz el que no espera nada para no ser defraudado. Tampoco lo es el que no ama a nadie, basándose en la idea de que el que no ama no sufre por los seres queridos. Es más libre el que se compromete con la realización de su humanidad que consiste en relacionarse adecuadamente consigo mismo, con los demás, con Dios.

La obediencia a Dios es libertad frente a los poderes. «Hay que obedecer a Dios antes que los hombres» (Hch 4,19-20; 5,29). Esta experiencia religiosa y ética ha sido una fuente de liberación, de libertad en la historia de las tiranías, los absolutismos; ha sido causa de muchos mártires de la justicia y de la caridad.

El ejercicio de la propia libertad es gratificante, pero tiene sus exigencias y sus riesgos; de ahí nace el miedo a la libertad[134]. Hay que asumir los fracasos, los errores que van quedando grabados en la memoria personal. Por otro lado, la libertad de elegir entre muchas opciones ha sido durante un tiempo el mayor símbolo de felicidad. Tener más deseos, más emoción, más sensaciones deliciosas.

---

[134] Cf. Erich FROMM, *El miedo a la libertad*, Paidós, Buenos Aires 1994 (la primera edición es del 1947).

«Pero actualmente nuestro mundo padece claustrofobia, cada vez más repleto de competidores. La protección de lo que ya tenemos está al orden del día, más que la perfección de lo que todavía no tenemos. La seguridad se está desplazando, despacio, aunque de manera constante, hacia el lugar que hasta hace poco ocupaba la libertad»[135].

— Los consagrados, por el voto de obediencia, ponen de relieve la primacía de Dios a través de la libre obediencia a su santa voluntad[136], es decir, a sus sueños y promesas.

— La obediencia a Dios se aprende en un itinerario de liberación. El camino del éxodo y peregrinación del pueblo de Israel por el desierto es el paradigma del aprendizaje de la relación con Dios. Requiere la superación de la idolatría. Tiene que aprender a confiar en Dios; a evitar la tentación de volver al comienzo, y en cambio, mirar hacia el futuro de las promesas. Así es como aprenden la comunión con el Dios vivo[137].

— El voto de obediencia es una expresión de confianza en la condición humana; confía en que la condición humana trabajada por la gracia puede vencer la tendencia a acumular, dominar, someter por el afecto o la coerción. Los hombres y mujeres de buena voluntad confiesan que es posible luchar contra esas tendencias y deseos de la condición humana y tomar en serio el proyecto y las promesas del Dios que resucitó a Jesús de entre los muertos.

---

[135] Zygmunt Bauman, entrevista con motivo del premio Príncipe de Asturias en: *El cultural*, 22-28 de octubre de 2010, p. 11.
[136] *Faciem tuam*, n. 3.
[137] *Faciem tuam*, n. 2.

2. *Dimensión trinitaria*

La obediencia evangélica es la búsqueda de la voluntad de Dios. El objeto primario y permanente de la obediencia es Dios mismo. El creyente es un buscador del Dios vivo y verdadero; busca su rostro; siente sed del Dios que puede plenificar su vida; según la revelación bíblica, el hombre ha sido creado «a imagen y semejanza de Dios», por eso no puede por menos de buscarle como al amor de la vida. Dios se hizo hombre para que nosotros podamos ser «divinos». Obedecer es decir sí a esta vocación divina del ser humano, es pasión por Dios.

La obediencia es ante todo actitud filial: hijos en el Hijo. El Hijo nos ha dado su palabra, nos ha dejado su memoria, nos ha enseñado el estilo de vida según el Padre. El Padre y el Hijo nos envían el Espíritu como el don escatológico por excelencia. El Espíritu habita en nosotros, actúa en nosotros; nos connaturaliza con la Palabra, el amor, la vida del Hijo.

Con el voto de obediencia tratamos de escuchar y corresponder al Dios que revela su historia de amor con nosotros. La obediencia de la fe se convierte en proclamación pública de la comunión de amor que es Dios mismo.

Dios es el santo por excelencia. Santo es su nombre, sus caminos, sus planes.

La verdadera obediencia excluye manipulación del nombre de Dios. Es muy fuerte la tentación de utilizar el nombre de Dios para sacralizar nuestras propias causas grupales, nacionales o eclesiales.

Obedecer al Dios tripersonal es tener claro cuál es la causa de Dios en el mundo; dejar a Dios ser Dios: padre y creador, Dios hijo redentor, Espíritu relación de amor y comunión.

Obedecer a Dios Trinidad Santa implica saberse habitados por Él, que ha querido dejar marcada la huella de su mano en nuestra condición humana. Es desarrollar la estructura trinitaria de nuestra vida, la fecundidad del Padre, la fidelidad del Hijo y la felicidad del Espíritu en el amor. El voto de obediencia es pues una forma de potenciar la fecundidad, la fidelidad y la felicidad.

3. Dimensión teológica

La libertad y la autonomía humana se constituyen y realizan, en último término, ante Dios. El nos ha creado libres y liberadores; nos ha creado creadores; no somos un fabricado ni un objeto; somos un sujeto personal con la potencia obediencial para escuchar y dialogar con Dios.

Ante él somos radicalmente responsables de nuestra vida y de nuestra misión personal. Tenemos algo que aportar cada uno a la historia de la humanidad. Somos únicos, irrepetibles, originales.

La obediencia evangélica parte de la experiencia de la gracia. En el acontecimiento de Cristo se nos ha revelado el sueño de Dios sobre el hombre, sobre su historia y su futuro. En el misterio de Jesucristo el discípulo ha recibido el don de participar en la vida divina. Se siente habitado por el Padre en el Hijo en la unidad del Espíritu Santo. Jesús es el engendrado, afiliado, amado, enviado, bendecido, consagrado, resucitado y transformado por el Padre. Jesucristo resucitado difunde su Espíritu en la comunidad de los seguidores.

La imagen del Cristo ha sido impresa en la vida del discípulo; por eso vive bajo el dinamismo de la filiación y del amor. Por eso hace suya la oración que Jesús enseñó como distintivo de los discípulos: «hágase tu voluntad» (Mt 6,10).

La obediencia del discípulo es obediencia de la fe, del amor y la esperanza. El Espíritu que habita en él es espíritu filial y fraterno; es espíritu mesiánico y espíritu de resurrección. Por eso la obediencia religiosa se realiza en el horizonte de Dios y de su historia de amor para con el mundo que se concentrado en Cristo y se despliega en la obra del Espíritu.

Lo más hondo de la obediencia religiosa es la escucha de Dios en sus palabras y en sus silencios, en sus mediaciones y su profundísimo misterio. Obedecer es capacidad de escuchar a Dios[138]. La actitud de escucha y la docilidad consiguiente está en relación con la imagen de Dios[139]. Es diferente si la imagen de Dios es la de un Dios de la ley, o la imagen de un Dios de la historia y las promesas. En este segundo caso la obediencia será fidelidad activa, creativa, innovadora. Tendrá todo el dinamismo del progresivo encuentro con el Dios vivo y, al mismo tiempo, la búsqueda apasionada de su gloria. Será verdadera adoración de Dios y reconocimiento del señorío de Cristo Resucitado sobre la propia vida personal y social. De esa referencia fundamental al Dios de la vida brota la ética teológica de la participación y la imitación: sed imitadores de Dios en el amor, la misericordia, la justicia. La descripción de la imagen de Dios se convierte en prescripción indicadora del caminar moral y transcripción del crecimiento espiritual: «como el Padre me amó»… «sed misericordiosos como el Padre»… «amad a vuestros enemigos».

El voto de obediencia implica responsabilizarse y comprometerse con un proyecto carismático de vida y misión para

---

[138] CIVCSVA, *El servicio de la autoridad y la obediencia*, nn. 5ss.
[139] Es muy evidente el recorrido que hay desde la experiencia del Éxodo, según la cual no se puede ver a Dios y seguir con vida (Ex 33,20+) pasando por la experiencia del profeta Elías a la puerta de la cueva (1Re 19,13) hasta la experiencia de Jesús (Jn 1,18).

buscar juntos la voluntad de Dios. Obediencia es escucha comunitaria de la presencia de Dios en la historia y especialmente en medio de su Iglesia que es el cuerpo de Cristo y tiene que discernir los signos de los tiempos y los lugares, hasta escuchar «los gritos mudos» de la sociedad.

Esta tarea del *quaerere Deum* como dinamismo fundamental de la vida consagrada dura toda la vida; es el sentido central de la vida en comunidad. El Espíritu nos reúne para buscar juntos la voluntad de Dios. Las preguntas permanentes para el discernimiento serán de este tipo: ¿Qué nos está diciendo el Espíritu en esta situación concreta de nuestras comunidades? ¿Hacia dónde nos está enviando el Espíritu? ¿Cómo tenemos que vivir hoy el proyecto carismático de vida y misión en esta cultura digital y global? ¿Qué tenemos que hacer y qué dejar de hacer?

4. Dimensión eclesial y comunitaria

El ser humano es esencialmente social: vivir es convivir, existir es co-existir; la libertad personal no es absoluta; como hecho humano, la libertad humana es ya social; se realiza en relación con los demás. No es una libertad plena; está limitada por la libertad de los demás. No soy libre para impedir la libertad de los demás; no soy libre para esclavizar a otras personas en nombre de mi autonomía. La actitud evangélica que llamamos obediencia implica la sana gestión de la libertad y del poder.

La libertad humana es libertad para todos. Es, sin embargo, una libertad profundamente herida y condicionada por temores, tales como, temor a ser controlados, a ser anulados, a ser utilizados. Además, tenemos miedo a que otras personas nos hagan dependientes, nos dominen y nos sometan a su poder. En realidad, aspiramos a la plenitud de libertad con respecto a todas las esclavitudes, especialmente la esclavitud del temor a la muerte. Esa liberación brota de la fe confiada en la promesa de la resurrección y de la vida eterna: será la resurrección la que permita unificar la libertad de todos y de cada uno. También la libertad de los muertos injustamente en el curso de la historia.

La obediencia evangélica como ejercicio de la libertad tiene una dimensión comunitaria que le es esencial. Es necesario contar con que no existen las comunidades ideales; en cuanto comunidades de personas humanas, existirá siempre la diversidad, que es riqueza y también limitación.

Todos los miembros de una comunidad tienen poder. Algunos tienen el poder jurídico institucional. Otros tienen y ejercen el poder social por la autoridad profesional de sus conocimientos; todos tienen el poder personal que ejercen o bien desde las ideas y propuestas, o bien desde el afecto y la acogida, o bien desde la servicialidad. Todos tienen un poder carismático que han recibido con el don vocacional; en algunos ese poder personal es más visible, y en otros menos. La comunidad es el resultado de muchos influjos; es una tupida redad de influencias mutuas. Y todos con el compromiso vital de practicar con docilidad el evangelio del Mesías Jesús.

Además, se trata de comunidades dentro de la Iglesia que es el pueblo de Dios. Todos somos iguales en dignidad. Todos somos bautizados, cristianos; vivimos bajo la autoridad de la Palabra y la revelación de Dios. Todos debemos la «obediencia de la fe» como obsequio racional al Señor, resucitado y presente en su Iglesia. Otra imagen expresiva de la naturaleza de la Iglesia es la Iglesia «esposa». Vive una relación de alianza con Cristo, semejante a la que vive la esposa con el esposo, porque implica una relación de amor total y entregado de la Iglesia a su Esposo.

La vida consagrada, en su conjunto, es expresión de esta alianza de amor y de fidelidad de la Iglesia con respecto a Cristo. La obediencia evangélica, en cuanto es expresión de esa naturaleza esponsal de la Iglesia, pone de relieve una profunda relación de pertenencia y amor. «La Iglesia no puede renunciar absolutamente a la vida consagrada, porque expresa de manera elocuente su íntima esencia "esponsal". En ella encuentra nuevo impulso y fuerza el anuncio del evangelio a todo el mundo»[140].

En la Iglesia del Mesías Jesús, que es inseparablemente discipular y apostólica, resultan co-esenciales la dimensión institucional y la dimensión carismática. La actitud comunitaria de obediencia es, al mismo tiempo, respuesta libre a un carisma, y funcionamiento en una institución de la gracia al servicio del reino de Dios.

La Iglesia, y a su nivel la comunidad, es mediación del descubrimiento y cumplimiento de la voluntad de Dios en el caminar histórico con sus vicisitudes culturales y sociales. Y no se puede sacralizar ni las mediaciones eclesiales ni sociales. A través de ellas cada persona es única, tiene que recorrer un camino único. No puede renunciar a su responsabilidad. Tiene que encontrar el sentido y el significado de su vida personal que es don de Dios. Entre la pertenencia comunitaria y la responsabilidad personal existe una tensión. Y puede ser una tensión muy fecunda. Se abre camino entre dos extremos: la pasividad y el individualismo.

---

[140] *Vita consecrata*, n. 105.

Recordamos que la obediencia religiosa nace con el cenobitismo. Los ascetas y las vírgenes que vivían por su cuenta, los anacoretas y semi-anacoretas que vivían en la soledad no obedecían sino a Dios y su Palabra. Por su propia dinámica se llegó a la necesidad de dejarse acompañar por un maestro espiritual. Y este proceso dio paso a la obediencia monástica y luego a la obediencia comunitaria y apostólica. Y esa realidad configura la forma de la obediencia. «Por el voto de obediencia, asumen todo lo que signifique participación plena en la vida y en el ministerio de la congregación. Vivir al margen de la comunidad, con la mínima participación, no es una opción legítima sino una violación del voto de obediencia»[141].

En la vida congregacional toda la existencia de las personas significa la práctica concreta de los votos; no se practica solo intermitentemente; toda la vida es ejercicio concreto de los tres votos. Y es que la vida comunitaria es mediación del sueño de Dios para nosotros. Pero también lo son los avatares de la vida y las leyes justas del contexto social y eclesial[142]. Por eso ya desde san Benito se habla de la «obediencia fraterna»[143]. Las necesidades de los hermanos requieren atención y tiempo.

Las constituciones de cada instituto señalan la forma carismática de vivir concretamente los votos y la vida fraterna. Forman parte del contenido de la obediencia religiosa. Son ellas las que concretan la vida evangélica y señalan el Itinerario del seguimiento de Cristo[144]. En la *Regla* y/o las *Consti-*

---

[141] Sandra SCHNEIDER, «La vida religiosa del futuro», en: *Pasión por Cristo, pasión por la humanidad*, Madrid 2005, p. 255.
[142] *Faciem tuam*, n. 9.
[143] *Faciem tuam*, n. 20,g.
[144] *Vita consecrata*, n. 37.

tuciones se expresa igualmente el itinerario de la búsqueda de Dios y del camino de la llamada a la santidad[145].

5. *Dimensión cristológica*

Jesús es el modelo y la inspiración de la forma de vida religiosa. Su proyecto de vida en libertad, solidaridad y servicio sigue siendo apasionante. Su forma divina de realizar la libertad humana orientada la vida de los seguidores. En Él la obediencia del discípulo es evangélica: su contenido central reside en seguir al Jesús apasionado por el Reino, obediente al Padre y a la misión que le es confiada. Como discípulos de Jesús somos implicados en el don del conocimiento de Dios por la gracia. Somos discípulos del Dios amor; nos dejamos cautivar, formar y transformar por el Dios de la vida de la mano de Jesús, el Cristo.

Jesús es el Hijo, con este recorrido en nuestra historia:

Amado del Padre
Unigénito
Inmanente al Padre (conocimiento, amor mutuo)
Enviado en misión salvadora
Encarnado en la vida humana
Historizado en una biografía personal de libertad[146]
Entregado a una muerte que radicaliza y ratifica su vida
Resucitado y glorificado por el Padre
Emisor del Espíritu de amor entre el Padre y el Hijo

---

[145] *Faciem tuam*, n. 9.
[146] Cf. Severiano BLANCO, «Jesús, hombre libre y fiel», en: B. FERNÁNDEZ-F. PRADO (eds.), *Obediencia, pasión por Dios en tiempos precarios*, Madrid 2005, pp. 97-128; Ch. DUQUOC, *Jesús, hombre libre*, Salamanca [12]2005.

Jesús vive y protagoniza una historia de descenso/ascenso; de kénosis y de glorificación. Tomó la forma de siervo. Pasó por un hombre cualquiera. La dinámica de la encarnación e identificación con nosotros le lleva a experimentar nuestra condición humana hasta la muerte, y una muerte de cruz.

Para los discípulos, el seguimiento es la progresiva asimilación de los sentimientos filiales y misioneros de Jesucristo; implica parecerse a él, asemejarse a él en la fidelidad al proyecto liberador del Padre. El paradigma sinóptico nos muestra que la fe es obediencia. Cristo hace el camino y termina siendo el Camino (Jn 14,8). Creer en Él es seguir sus pasos, su trayectoria histórica, sea en la cercanía física o en la distancia de los siglos. La obediencia a Jesucristo se inspira en su historia de amor y liberación. No puede ser vivida al margen de la *memoria passionis* del Resucitado.

Jesús vive a la escucha del proyecto del Padre. Es el Hijo amado y enviado. Su obediencia es filial y es misional; obedece al Padre y a la misión que le ha encomendado.

Jesús está totalmente disponible para ese proyecto que llama reino de Dios y que es el centro y el marco de toda su vida, de sus itinerarios, de sus palabras, de sus relaciones y de sus signos.

Jesús es un hombre de misión: se vive como un hombre dedicado en cuerpo y alma a una gran misión: anunciar, servir y hacer presente el reino de Dios. Como Hijo y como enviado, Jesús es transparente a la voluntad del Padre que quiere edificar el reino de la fraternidad, de la paz y de la justicia. En la vida de Jesús no hay opacidad para el proyecto del Padre, no hay oposición ni ocultamiento. En la medida en que lo permite su propia humanidad, Jesús es la revelación, manifestación y realización del amor liberador del Padre. En esa docilidad y transparencia consiste su obediencia.

Esto no quiere decir que Jesús no tenga que tomar sus propias decisiones, que no tenga que orar y discernir cuál es el camino concreto de la realización del plan liberador de Dios. Jesús vive su docilidad en la «primavera galilea» y en los conflictos, en las adversidades, en el rechazo de su mensaje. Para Jesús los caminos históricos del plan amoroso del Padre también resultan desconocidos y misteriosos. No los sabe de antemano, ni le vienen comunicados por telepatía; tiene que discernir y descubrir cómo se encarna el sueño de Dios en su historia.

En nuestro camino del seguimiento del Cristo obediente la secuencia es: gracia, ética, pedagogía. El indicativo precede al imperativo: lo primero para nosotros es la *huiothesía*, la regeneración, la misión; lo primero es la participación en la filiación y en la fraternidad de Jesús, en sus actitudes de confianza, amor y esperanza.

Seguir la obediencia de Jesús proseguir su obra con las mismas actitudes de Jesús; asemejarse a él en la donación de la propia vida al servicio de la esperanza del mundo.

Las actitudes de Jesús seguidas y vividas en la comunidad de discípulos anticipan, ya en el mundo viejo, el rostro del mundo nuevo, del mundo del reino de Dios. Y en este reino no tienen vigencia las divisiones entre los que mandan y los que obedecen, los oprimidos y los opresores, los prepotentes y los impotentes; en las comunidades del reino tiene vigencia la obediencia profética y evangélica a la fraternidad y a los sentimientos filiales de Jesús.

Hay una dimensión que no podemos olvidar. Jesús de Nazaret para ser obediente, tiene que ser desobediente. Tenemos que asombrarnos y hablar de las desobediencias y las rebeldías de Jesús. La raíz de sus desobediencias está en su experiencia de Dios como Abbá. De ahí surge el conflicto fundamental. A partir de ahí, podemos señalar su rebeldía frente a la manipulación de la religión; su rebeldía contra la religión exterior que no renueva el corazón; contra la discriminación en virtud de la ley; contra la opresión de los pequeños por los que tienen poder religioso, social, económico y político. Jesucristo recorre el camino de la obediencia liberadora. Y al mismo tiempo, y por eso, tiene autoridad, habla con autoridad. Representa una nueva doctrina. Es el siervo y es el Señor, el obediente y el liberador[147]. Su camino es nuestro camino.

6. Dimensión política

Como todos los dones evangélicos, la obediencia de la fe es una experiencia terapéutica. Surge la pregunta: ¿Qué sana en mí mismo? ¿Qué cura en mi vida?

¿Qué curación ofrece a la sociedad? La comunidad religiosa, en cuanto comunidad del reino, se propone una manera alternativa de gestionar la libertad personal. No encaja dentro del régimen jerárquico ni dentro del sistema democrático. Siguiendo el modelo hermenéutico de la eclesiología tal como lo propone Avery Dulles sobre los modelos de Iglesia, la teóloga Sandra Schneiders describe la evolución de los modelos de comunidad, señalando cuatro modelos: el modelo familiar, el modelo militar, el modelo monárquico y propone el modelo profético[148] en el cual se remodela la relación entre obediencia y autoridad. La comunidad del reino se construye como comunidad de personas adultas y libres; comunidad de

---

[147] *Vita consecrata*, n. 91.
[148] Cf. Sandra SCHNEIDERS, *Buying the Field. Catholic Religious life in mission to the World*, Manila 2004, pp. 355ss.

iguales; todos llamados a la comunión y participación en un proyecto común; normalmente de hombres o de mujeres; no de comunidades mixtas, todos caminando en sintonía y sinodalidad con todo el pueblo de Dios. La comunión y la misión constituyen el marco de la libertad, del poder y la autoridad.

«Si la vida religiosa toma en serio su propia constitución como una sociedad meramente voluntaria de los que oyen la Palabra de Dios y la cumplen, como un discipulado de iguales unidos en un servicio mutuo, podrá llegar a constituir un mundo político alternativo para las estructuras de poder de este mundo. Así anunciará, tanto al poder secular como al eclesiástico, la posibilidad de una comunidad verdaderamente no jerárquica de hermanas y hermanos, congregados alrededor de Jesús, la víctima resucitada»[149].

La obediencia a Dios es fuente de libertad en el mundo. Reconocer y escuchar la Palabra del Dios de la vida conduce a oponerse a los ídolos de muerte. La confianza y apertura a Dios lleva consigo la denuncia de las idolatrías, tanto políticas como religiosas. Creer y confiar en el Dios vivo implica desautorizar a los ídolos de la religión y del poder político que tienen a absolutizarse.

Y la idolatría puede ser una perversión mayor del sentido de la fe que el mismo ateísmo; la idolatría del poder y de las mediaciones religiosas puede convertirse en un obstáculo que aleja a muchas personas de la fe. La entienden como un fanatismo, como fatalismo.

En el contexto social actual también el voto de obediencia resulta profundamente contra-cultural. Aparece como una

---

[149] Sandra SCHNEIDER, «La vida religiosa en el futuro», en: *Pasión por Cristo, pasión por la humanidad* (Congreso internacional de vida religiosa), Madrid 2005, p. 249.

actitud contraria a la adultez. En la sociedad que acentúa la importancia de la libertad individual es muy valorada la capacidad de hacer cada uno lo que le de la gana en cuanto al modo de vivir y organizar las propias decisiones. Ello genera conflictos de intereses a la hora de responsabilizarse de la misión y la comunión. La obediencia congregacional requiere no solo capacidad reconciliadora, sino también trasformadora de los conflictos[150].

7. Dimensión formativa y espiritual

La obediencia es un aprendizaje a lo largo de la vida. Desde la infancia vivimos en una familia que tiene sus normas, sus pautas de comportamiento. Vivimos en sociedad, y, por ello, estamos obedeciendo de muchas maneras: desde las normas de tráfico, las normas laborales, la disciplina fiscal, las tendencias de la moda, de la buena educación. Nuestra libertad está construida socialmente, tenemos derechos y deberes.

Dando por supuesto este marco, la libertad personal implica un itinerario de aprendizaje del ejercicio de la propia libertad; pero la libertad es autodeterminación y también responsabilidad. La libertad crece con la verdad. Por muy dañada y contaminada que esté nuestra libertad, es inevitable ejercitarla en decisiones y compromisos.

La libertad se muere en la mera inhibición e indiferencia; la libertad humana se realiza y revela en el compromiso, en la relación y vinculación con un proyecto de vida, con una relación afectiva.

Somos libres optando por algo, por alguien. Y optar por algo implica renunciar a otras muchas posibilidades.

---

[150] J. C. R. García Paredes, *Otra comunidad es posible. Bajo el liderazgo del Espíritu*, Publicaciones Claretianas, Madrid 2018, p. 123ss.

A su vez, la obediencia como libre decisión por la búsqueda de la verdad del hombre implica disponerse a descubrir la vocación fundamental del ser humano inscrita en su naturaleza que es la felicidad y la plenitud de la vida. El itinerario hacia ese meta incluye muchos pasos de crecimiento personal y espiritual:

1. Del ser espectador de la vida al ser actor

2. De ser sufridor a ser disfrutador

3. De ser lamento a ser bendición

4. De ser derrotista a ser entusiasta

5. De ser fatalista a vivir lo nuevo e inesperado

6. De los prejuicios a la apertura

7. De receptor a donante

8. De buscador a adorador

9. De adormecidos a despiertos

10. De fotocopias a originales, atrévete a ser más[151]

11. De la comodidad enfermiza a la fecundidad

12. De los signos de muerte a los signos de resurrección

13. De la exterioridad a la interioridad

14. De la superficialidad a la profundidad

15. Del individualismo a la comunión/comunidad

16. De la frialdad a la calidez

17. De la guerra a la paz

18. De la indignación a la conversión

---

[151] *Christus vivit*, n. 107.

Ahora bien, es un hecho que la libertad del ser humano está limitada por la condición humana; somos mortales y somos finitos. No podemos pretender vivir para siempre en estas condiciones; no podemos pretender ser inmortales.

Además, nuestra libertad está «tocada» también por el pecado, es decir, está orientada al poseer, al dominar, al querer posesivo. Es verdad que ha sido sanada por la gracia. Pero el proceso de sanación implica un lento aprendizaje; hay que aprender a ir pasando de una actitud de egocentrismo a una actitud de auténtico amor libre y gratuito. En ese proceso, la obediencia evangélica muestra su eficacia terapéutica y sanadora[152].

El camino de la libertad pasa por el camino de la liberación de las propias limitaciones, caprichos, esclavitudes. En este camino del crecimiento personal en libertad nos podemos encontrar con situaciones imprevistas e inesperadas; la misión carismática de la congregación puede pedirnos, de hecho, la renuncia a nuestros planes, expectativas y gustos. La obediencia pasa por el camino de la cruz, como sucedió a Jesús de Nazaret. El seguimiento de Jesús nos pone en el camino de la cruz.

Esta dimensión se hace presente en las obediencias difíciles. El diálogo es la manera de abordarlas. Para un buen diálogo se precisan actitudes de apertura, de generosidad, de transparencia. Con todo, en determinadas situaciones, es difícil aprender la obediencia, «por ejemplo, cuando se le pide (a la persona consagrada) abandonar ciertos proyectos e ideas

---

[152] B. Fernández, «Obediencia evangélica y sanadora», *Vinculum* 276 (2018) 55-64.

personales, o renunciar a la pretensión de gobernar él solo la vida y la misión»[153].

8. Dimensión misionera

La obediencia evangélica es obediencia a Dios y a su misión en el mundo. Buscar a Dios, descubrir sus caminos y sus planes, comulgar con ellos, implica participar en la misión liberadora y salvadora del mismo Dios por el Hijo y por el Espíritu.

La misión es también mediación esencial del sueño de Dios para nosotros. Se hace voto de obediencia a Dios en la comunidad eclesial; precisamente es la Iglesia la que continúa en el tiempo la mediación de Cristo y de su misión mesiánica. «puede decirse que toda la vida de Jesús es misión del Padre. Él es la misión del Padre»[154].

Por eso el objeto de la obediencia es la búsqueda de la voluntad de Dios sobre la historia, sobre el mundo de hoy; Jesús lo llamaba reino de Dios. Dentro de la gran mediación eclesial, la voluntad de Dios se revela en el tiempo a través de la misión encomendada a la orden o congregación. Por ello, el voto de obediencia implica esencialmente disponibilidad para la misión. Sabemos que la misión de la Iglesia es una; pero se realiza de múltiples maneras. La obediencia y la misión se implican mutuamente. Especialmente en la vida religiosa apostólica. La misión recrea la comunión. Y viceversa. La misión dinamiza la comunión.

Es también en el campo de la sensibilidad y disponibilidad para la misión donde se plantean situaciones de obediencias

---

[153] *Faciem tuam*, nn. 10 y 26.
[154] *Faciem tuam*, n. 23.

difíciles e incluso de posible objeción de conciencia[155]. En los procesos de discernimiento de la obediencia siempre habrá que tener clara la respuesta a preguntas como estas: ¿Quién manda realmente en mi vida? ¿Son mis miedos, mis heridas, mis rencores? ¿A quién doy yo poder sobre mi vida? ¿Quién programa mi vida por mí? ¿Estoy viviendo la vida que quiero vivir o dependo grandemente de la aprobación de los demás? ¿En qué medida es la misión la que mueve mis acciones y motivaciones? ¿A quién servimos realmente?

Este tipo de cuestiones tienen la fuerza de despertar y sensibilizar frente al peso de la inercia que hace prevalecer el pasado. La obediencia a la misión requiere procesos de discernimiento y transformación. Es obediencia congregacional. Esta tarea de discernimiento la realizan de un modo especial las asambleas y los capítulos. En el marco de esa obediencia congregacional se inscribe, se articula la obediencia personal tanto de los que tienen mayor responsabilidad en la toma de decisiones como los que tienen la responsabilidad de participar y colaborar activamente.

9. Dimensión escatológica

También en este punto tenemos que partir de que el voto de obediencia es fundamentalmente escucha de la voz y la palabra de Dios. Buscar la voluntad de Dios implica prestar atención a su voz, a sus dones y a sus promesas; el gran sueño de Dios es que el hombre viva y que viva en plenitud; la voluntad de Dios es el reino de la fraternidad, de la verdad, de la paz. Ese proyecto de Dios está todavía pendiente de su consumación. Jesús nos enseña a orar por la venida del reino

---

[155] *Faciem tuam*, nn. 26 y 27.

de Dios, después de dar gloria al nombre del Padre (Lc 11,2; Mt 6,10).

Escuchar a Dios, buscar y discernir comunitariamente su sueño sobre el mundo es estar abierto al futuro de sus promesas. Somos llamados a obedecer al futuro del reino que comprende la fraternidad y la filiación. Obedecer es trabajar por la transformación de nuestra historia en la dirección del reino de Dios. La esperanza escatológica aporta una fuente inagotable de transformación de este tiempo presente. El todavía-no, que experimentamos duramente por la presencia del mal, se tiene que transformar en un todavía más.

Por ello, la obediencia al reino de Dios y al Dios del reino tiene ya efectos terapéuticos aquí y ahora; pone en sintonía con el plan de Dios y con los signos de los tiempos que anticipan el futuro último. Obedecer a Dios es esperar y confiar en el cumplimiento de sus promesas. Identificarse con los sentimientos del que es fiel por excelencia; es caminar en la dirección de lo prometido y esperado.

10. Dimensión ecológica

Obediencia a Dios implica escucharle en el mundo y en la historia, que nos ha dado y nosotros hemos modificado. Obedecemos a Dios en el mundo. Nos ha dado la misión de respetar, disfrutar, dar nombre a la creación. El planeta tierra forma parte de nuestra vida. En este tiempo somos más conscientes de la biocenosis.

En la medida en que se rompe la tendencia a confiar en el poder, somos liberados de la codicia de dominar y poseer la creación y someterla a las conveniencias de la tecnología. Sabemos que la creación tiene también un destino de salvación. Ser fieles al Dios del reino futuro es reconocer, respetar y alentar el dinamismo de la creación. La obediencia al Dios de la historia y las promesas incluye también la obediencia al mundo de Dios, a sus necesidades y aspiraciones más hondas. Nos invita a admirar y saborear la belleza de la creación. Nos abre el camino de la filocalía.

11. Dimensión carismática

Como realización del «con toda el alma, con todas las fuerzas», la obediencia brota de la gracia y de la fe; es obediencia a la inspiración y vocación de Dios acogida y discernida en la comunidad cristiana. Consiste en la inspiración, llamada o moción del Espíritu que suscita nuestra libertad para seguir el camino de Jesús, para reproducir sus actitudes. Es el Espíritu de Jesús el que por dentro nos connaturaliza con Jesús y nos impulsa a ser como él, a tener sus mismos sentimientos de Hijo. El Espíritu nos impulsa a parecernos a Jesús y llevar una vida cristiforme. Pero nos impulsa también a vivir en comunidad eclesial que es la portadora de la revelación y de la misión de Cristo en la historia. Por ello el don carismático de la obediencia tiene como referencia a los que tienen la responsabilidad de la unidad y la comunión de la Iglesia. Además, tiene una referencia especial a la acción creadora del Espíritu en la historia. Las comunidades religiosas tienen su origen en un carisma del Espíritu que es dado a la Iglesia para renovar su misión evangelizadora. Los carismas son «experiencias del Espíritu» dadas a los fundadores y fundadoras. En cuanto tales están abiertos a ser compartidos y completados. Tienen vocación de duración. Muestran su fecundidad a través de los tiempos.

La consecuencia es que la obediencia al Espíritu es la tarea fundamental del voto de obediencia. Y es toda la congregación, orden o instituto la que está llamada a discernir la voz del Espíritu en la diversidad de los tiempos y lugares. Ello implica desarrollar la fecundidad del carisma, con todas las dificultades y los riesgos que ello conlleva. Pero es una tarea esencial de la fidelidad obediente a la presencia del Espíritu. Esta encomienda la cumplen, a su modo, las asambleas y capítulos que reúnen a los representantes periódicamente para juntos responder a la cuestión: ¿Qué nos pide el Espíritu hoy y aquí? ¿Cómo tenemos que adorar a Dios? ¿Qué tenemos que hacer para ser fieles? ¿Qué tenemos que dejar de hacer? ¿Dónde tenemos que estar? ¿A qué y a quienes tenemos que dedicar nuestros recursos y energías en nuestro tiempo según el carisma recibido?

12. Dimensión simbólica

La vida consagrada es una forma de vida que constituye un signo de la presencia de Dios en este mundo histórico en el que vivimos. La docilidad a la palabra y proyecto de Dios brota desde dentro del corazón; es obra del Espíritu que habita en nosotros. Intentamos vivir según el Espíritu de Dios. El programa de vida de las comunidades cristianas son las bienaventuranzas de Jesús, que constituyen, además, un retrato de las actitudes de Jesús mismo.

Unas comunidades así son como pequeñas luces en las ciudades actuales; constituyen comunidades contraste. Y en ese sentido son significativas, forman un signo existencial de la vida evangélica. De esta forma expresan la dimensión profética de la vida de la Iglesia y conectan con los profetas bíblicos. Estos reciben el encargo de descubrir a Dios dentro de la historia del pueblo y, por ello, ser conciencia crítica en medio de la gente.

En ese sentido, la vida consagrada está llamada a vivir ante Dios, pero en el mundo. No se trata de hacer un mundo sacralizado y aparte. El lugar de la vida consagrada es también el mundo real e histórico; pero estar en él de otra manera, como testigos de las promesas de Dios.

Relación entre obediencia y autoridad

Para terminar este capítulo sobre la obediencia es inevitable referirse a la autoridad. Se trata de dos realidades correlativas; se remiten una a otra, se explican una por otra.

En la Iglesia la autoridad suprema es la de Jesucristo. A él estamos todos referidos. A él hemos prometido y nos hemos comprometido a ser fieles desde nuestra incorporación bautismal a su misterio. La mediación de la Iglesia es la que posibilita la relación explícita con Jesús.

Dentro de la gran mediación eclesial son necesarias otras muchas hasta llegar a nuestra vida personal.

— Son necesarias, pero corremos el riesgo de convertirlas en «ídolos». Para evitarlo hay que reflexionar críticamente. Por ejemplo, cuando se nos dice que el superior «hace las veces de Dios», ¿qué es lo que se nos quiere decir? Timothy Radcliffe nos recuerda algo importante en este contexto: «El papel de quienes ejercen el liderazgo es garantizar que nadie se adueñe de la gracia de Dios, ni los jóvenes ni los viejos, ni los de derecha ni los de izquierda, ni el Occidente ni ningún otro grupo»[156].

---

[156] «La vida religiosa después del 11 de septiembre: ¿qué signos ofrecemos?», en: *Pasión por Cristo, pasión por la humanidad* (Congreso internacional de la vida consagrada), Madrid 2005, p. 215.

— Son decepcionantes, pues el misterio de Dios y de su voluntad está más allá de todo lo creado; incluso hay que decir que la Biblia no es la palabra de Dios, sino que contiene la palabra de Dios. Solo Dios es Dios. La Iglesia no es el reino de Dios. La jerarquía no es la Iglesia. Los superiores no son la congregación.

— La experiencia de Dios se nos revela, en la época secular, como una ausencia ardiente según la expresión de R. Rilke. No se hace presente enviándonos desgracia, enfermedades; no se hace presente castigando nuestros pecados; no se hace presente ordinariamente haciendo milagros sin respetar la autonomía y la libertad de los seres humanos. Se hace presente llamando «con las mil voces del amor»; se hace presente en la hondura de nuestro ser, en el corazón de las aspiraciones de los pueblos.

— Una de las mediaciones de la voluntad de Dios dentro de la comunión eclesial y de cada consagración es el servicio de autoridad. Tiene la misión de estimular y ayudar a la gran obediencia, es decir, a la búsqueda de Dios y de su proyecto sobre nosotros, a la disposición para cumplir esa voluntad de Dios. Sobre la misión de la autoridad[157], el documento *Caminar desde Cristo* resume la misión de la autoridad: estar presente, animar, proponer, ayudar a la persona, crear unidad, decidir, garantizar la ejecución de lo decidido, dialogar, discernir.

— La autoridad en la vida consagrada es un servicio; no se trata de una autoridad individual. La evolución de la conciencia eclesial y social hace imprescindible una

---

[157] *Vita consecrata*, nn. 43.91; *Caminar desde Cristo*, n. 14.

concepción de la autoridad como acompañamiento y animación. Es autoridad de la fraternidad, en la fraternidad y con los hermanos, y así pega a ser autoridad sobre la comunidad. Se requiere un modelo relacional[158] que escucha, que discierne y dialoga.

Para la reflexión personal y comunitaria sobre la obediencia

I. Preguntas

1. ¿Quién manda en mi vida?

2. ¿A quién doy poder sobre mí?

3. ¿Quiénes son mis superiores «secretos»: Miedos, adicciones, imagen, caprichos…?

4. ¿En qué medida soy sumiso al poder de los demás y no ejerzo mi responsabilidad?

5. ¿En qué aspectos trato de dominar imponiendo mis puntos de vista?

6. ¿Cómo ejerzo el poder de la crítica?

7. ¿Cómo ejerzo el poder de reconocer, confirmar, alabar a los demás?

8. ¿Qué clase de poder tengo en mi comunidad actual?

9. ¿Soy dominante e impositivo?

10. ¿Cómo ejerzo mi influencia en la vida de la comunidad? ¿Cómo hablo? ¿Qué tono de voz empleo?

11. ¿De qué manera trato de ejercer poder sobre los otros miembros de la comunidad?

---

[158] CIVCSVA, *A vino nuevo odres nuevos*, 41.

12. ¿En qué medida reconozco en mÍ y ejerzo el poder de ben-decir?

13. ¿Cómo obedezco a la autoridad de la Iglesia? ¿Soy legalista?

14. ¿Procuro ser fiel a la doctrina y disciplina eclesial o voy a mi aire?

15. ¿Son las Constituciones y/o la Regla de vida realmente una guía en mi vida concreta?

16. ¿Tengo miedo a perder el microespacio de mi libertad y de mi acción?

17. ¿Tengo miedo de perder mi imagen si digo claramente lo que pienso aun cuando está en desacuerdo con la opinión de la mayoría?

18. ¿Cómo vivo el miedo a ser controlado?

19. ¿Cómo vivo el miedo a ser abandonado, a verme aislado y sentirme solo?

II. El poder en las relaciones fraternas

1. El poder de la experiencia

2. El poder de la edad

3. El poder de la propia imagen de superioridad

4. El poder del saber

5. Poder del silencio

6. Poder de la crítica negativa

7. Poder de oponerse

8. Poder de quien es competente en el oficio

9. El poder de la autoridad moral

10. Poder de la autoridad carismática

11. El poder de la autoridad jurídica

12. Poder de la queja y la lamentación: soy una víctima

13. Poder del llanto y de las lágrimas: no sé defenderme

14. El poder de ser competidor

15. El poder de controlar las ideas, las agendas, el dinero

16. El poder de culpabilizar y avergonzar

17. El poder de excusarse y justificarse

18. El poder de la inercia

19. El poder del «sacrificio»

Preguntas para la reflexión personal y el diálogo comunitario:

a) ¿En cuáles de estas formas de poder me veo más reflejado?

b) ¿Cuáles de estas formas de poder me hacen sufrir más?

III. Los miedos que mandan en mi vida

1. Miedo de no tener dominio sobre mi vida

2. Miedo de que tú me anules

3. Miedo de perder la libertad

4. Miedo de no ser ya importante para otro hermano si yo le llevo la contraria

5. Miedo de romper un cierto equilibrio de influencias en la comunidad

6. Miedo a que nadie me necesite ni me requiera para nada

7. Miedo a perder la salud

8. Miedo a envejecer

9. Miedo a no ser reconocido ni aprobado por los otros

10. Miedo a depender de otro

11. Miedo a ser controlado

12. Miedo a ser utilizado por la comunidad/institución

13. Miedo a no ser valorado, sentirme inferior

14. Miedo a expresar mis opiniones y puntos de vista

15. Miedo a decepcionar

16. Miedo a no saber cómo hacerme valer

17. Miedo de no saber defenderme

Este listado lo podemos sintetizar sin duda en los dos siguientes:

Miedo de perderme,

Miedo de perder a los otros

Preguntas para la reflexión y el diálogo comunitario:

a) ¿Por cuáles de estos miedos me siento más afectado activa o pasivamente en la actualidad?

b) ¿Cuáles creo yo que están influyendo más en nuestras relaciones fraternas de la comunidad actual?

IV. Empoderar las relaciones fraternas

1. Poder de participar activamente

2. Poder de ben-decir

3. Poder de reconocer y confirmar a los otros

4. Poder de agradecer

5. Poder de hacer propuestas sobre la vida, el carisma, la misión

6. Poder de integrar las diferencias

7. Poder de perdonar

8. Poder de escuchar incluso lo que molesta e irrita

9. Poder de acompañar

10. Poder de ayudar a crecer

Preguntas para la reflexión personal y el diálogo comunitario:

1. ¿Cuál de estos poderes utilizo yo con más frecuencia y espontaneidad?

2. ¿A cuál de ellos debo prestar más atención en mis relaciones fraternas, de amistad?

Bibliografía selecta

1. Bibliografía general

CIVCSVA, *El don de la fidelidad. La alegría de la perseverancia*, Ciudad del vaticano 2020.

Trigo, Pedro, *Jesús nuestro hermano*, Sal Terrae 2018.

Volo, Ricardo, *Una vida inspirada por el evangelio*, Publicaciones Claretianas, Madrid 2014.

Urribarri, Gabino, *La vivencia cristiana del tiempo*, BAC, Madrid 2020.

2. Consejos evangélicos y votos

Alonso, Severino María, *Ven y sígueme*, Paulinas, Madrid 1994.

Badalamenti, M. *Se vuoi… Vita religiosa 2: I Consigli del Vangelo*, EDB, Bologna 2005.

Belderrain, Pedro, *Diez cosas que el Papa Francisco propone a la vida consagrada*, Publicaciones Claretianas, Madrid 2018.

Cruz Cruz, J., *El éxtasis de la intimidad. Ontología del amor humano en Tomás de Aquino*, Madrid 1999.

Fiand, Barbara, *Luchando con Dios. La vida religiosa en busca de su alma*, Publicaciones Claretianas, Madrid 1996.

García Paredes, J. C. R., «Religious Vows: Charismatics Gifts for Community life», RLA 5 (2003) 1-17.

—, *El encanto de la vida consagrada, Una alianza y tres consejos*, San Pablo, Madrid 2015.

Ghirlanda, G., «I consigli evangelici nellla vita laicale», *Periodica* 87 (1998) 567-589.

Leonard, M., «Contemporary Theologies of the Vows», RfR 61 (2002) 511-521.

Martinez Oliveras, Carlos (dir.), *Sequela Christi et Missio Spiritus*, Publicaciones Claretianas, Madrid 2017.

Melina, L. - Anderson, C. (eds.) *La vía del amor. Reflexiones sobre la encíclica «Deus caritas est» de Benedicto XVI*, Burgos 2006.

O'Murchu, D., *Poverty, Celibacy and Obedience. A Radical Option for Life*, Grossroad, NY 1999.

Perez-Soba Diez del Corral, Juan, «La verdad del amor: una luz para caminar: experiencia, metafísica y fundamentación de la moral» (parte 1), *Revista Española de Teología* 68 (2008) 341-378; (parte II), *Revista Española de Teología* 69 (2009) 63-97.

Perez-Soba Díez del Corral, Juan, «San Agustín y Santo Tomás: La ley y los mandamientos, criterios objetivos que manan del amor», *Revista Agustiniana* 60 (2010) 427-496.

Rahner, Karl, «Sobre los consejos evangélicos», en: *Escritos de Teología*, VII, Madrid 1969, pp. 435-468.

Rougemont, D., *Les mythes de l'amour*, Paris 1961.

Rovira, J., «Per un contesto teologico del significato dei consigli evangelici nella vita consecrata», *Claretianum ITVC* LII (2012) 339-277.

— *Consigli Evangelici e Vita Consacrata*, Roma 2007

Torrell, J.-P., «Les Collationes in decem preceptos de saint Thomas d'Aquin», Édition critique avec introducción et notes, *Revue des Sciences Philosophiques et Théologiques* 69 (1985) 5-22.

Tillard, J. M. R., «Consigli Evangelici», en: DIP, vol II. Roma 1975, cc.1630-1685.

3. El voto de castidad por el reino de Dios

Adinolfi, «Il celibato di Gesù», *Bibbia e Oriente* 13 (1971) 145-158.

Alonso, Severino Mª, *Virginidad, sexualidad, amor en la vida religiosa*, Publicaciones Claretianas, Madrid 1988.

Álvarez Gómez, J. *La virginidad consagrada. ¿Realidad evangélica o mito sociocultural?*, Publicaciones Claretianas, Madrid 1977.

Anzizu, José de, *Amor indiviso*, Barcelona 1963.

Balducelli, R., «The Decision for Celibacy», *Theological Studies* 36 (1975) 219-242.

Bertrand, D., «L'amitié dans l'amour. Crises de la foi et progres doctrinal», NRT 137 (2015) 615-627.

Bertrams, Wilhelm, sj, *El celibato del sacerdote*, Bilbao 1960.

Beyer, Jean, «The call to perfect charity», *The Way Supplement* 10 (1970) 33-48.

Bishop, Clifford, *Le Sexe et le sacré*, Albin Michel, Paris 1997.

BLINZER, N., «Eisin eunoujoi. Zur Auslegung von Mt 18,12», ZNW 48 (1957) 254-270.

BROWN, Peter, *Le Renoncement à la chair. Virginité, célibat et continence dans le christianisme primitif*, Gallimard, Paris 1995.

BURGESS, A., *L'uomo di Nazaret. L'amore di Dio in parole povere*, Milán 1978 (novela original inglesa que presenta a Jesús esposo y viudo).

CABRA, Pier Giordano, *Amarás con todo tu corazón (celibato)*, Santander 2009.

CAMELOT, T., *Virgines Christi: la virginité aux premiers siécles de l'Eglise*, Paris 1954.

COCHINI, Christian, *The apostolic Origins of priestly celibacy*, Ignatius Press 2002.

CONNOR, Paul M., *Celibate Love. Seed and Ward*, London 1979.

CROUZEL, Henri, «Marriage and virginity. Has Christianity devalued marriage?», *The Way Supplement* 10 (1970) 3-23.

—, *Virginité and marriage selon Origène*, Paris-Bruges 1963.

FERNANDEZ, B.- PRADO, F. (eds.), *Celibato por el reino: carisma y profecía*, Publicaciones Claretianas, Madrid 2003.

FOUCAULT, Michel, *Histoire de la sexualité* (3 vol), coll. Tel, Gallimard, Paris 1976 y 1984.

GALLAGHER, Charles A. - VANDERNBERG, Thomas L., *The celibacy myth. Loving for life*, New York 1988.

GARRIDO, Javier, *Grandeza y miseria del celibato cristiano*, Santander 1987.

Gonzalez Faus, J. I., «Notas marginales sobre el celibato de Jesús», en: *Teología y mundo contemporáneo. Homenaje a K.Rahner*, Madrid 1975, pp. 213-239.

—, «Apéndice: el celibato como signo trágico», en: *El factor cristiano*, Estella 1994, pp.77-92.

Grelot, P., *Le couple humain dans l'Escriture*. (Lectio Divina, 31). Paris 1962.

Gryson, R. *Les origines du célibat ecclésiastique du premier au septième siécle*, Gembloux 1970.

Heid, Stefan, *Celibacy in the early Church. The beginnings of the Discipline of Obligatory Continence for clerics in East and West*, Ignatius Press 2000.

Kiesling, C., *Celibacy, Prayer and Friendship. A making-sense-out-of-life aproach*, Alba House, New York 1978.

Legrand, Lucien, *The biblical doctrine of virginity*, London 1963. Original francés 1963.

Lorenzo, B., «La virginité du Christ», en: *Christus* n. 95, homme et femme il les créa, pp. 339-348.

Manzi, Franco, «Spunti neotestamentari sul celibato de Cristo e dei "suoi"», *Rasegna di Teologia* 53 (2012) 306-313.

Martinez, José Luis, *Construir la vida. Sexualidad y crecimiento en la vida sacerdotal y religiosa*, Publicaciones Claretianas, Madrid 2003.

Marzotto, Damiano, «Il celibato nel Nuevo Testamento», ScCatt 110 (1982) 333-370.

Matura, T., *Célibat et communauté: Les fondements évangéliques de la vie religieuse*, Paris 1967.

McCarthy, Marie, sp, «Celibacy as Possibility», *Review for Religious* (1992) 771-781.

McGovern, Thomas, *El celibato sacerdotal*, Cristiandad, Madrid 2004.

Parrilla, Julio, *Amor extramuros. El riesgo de ser célibe*, San Pablo, Madrid 2004.

Orge, Manuel, *¿Es posible la virginidad? Criterios paulinos para su discernimiento*, Madrid 2001.

Phipps, W. E., *Was Jesus married? The distorsion of sexuality in the Christian Tradition*, New York 1970.

Pohier, Jacques, *Le Chrétien, le plaisir et la sexualité*, Le Cerf, Paris 1974.

Quignard, Pascal, *Le Sexe et l'effroi*, Gallimard, Paris 1994.

Rigaux, B. «Le célibat et le radicalisme évangelique», NRTh (1972) 157-170.

Reich, W. *L'assesinio di Cristo. La peste emozionale dell'umanitá*, Milano 1972

Rondet, M. - Raguin, Yves, *El celibato evangélico en un mundo mixto*, Santander 1980.

Richard Sipe, A. W., *Sex, Priests and Power. Anatomy of a Crisis*, London 1995.

Sabourin, Leopold, «The positive values of consecrated celibacy», *The Way Supplement* 10 (1970) 49-60.

Sammon, Sean D., *An Undivided Heart: Making sense of Celibate Chastity*, Alba House, Staten Island 1993

Schillebeeckx, Edward, *Clerical Celibacy under fire. A critical appraisal*, London and Sydney 1968 (original holandés 1966).

—, *El celibato ministerial*, Salamanca 1968.

Sicari, A., *Matrimonio e virginitá nella rivelazione. L'uomo di fronte alla «Gelosia di Dio»*, (Giá e non ancora, 31), Milano, Jaca Book 1978.

Simoens, Y., *Homme et femme. De la Genèse a l'Apocalypse. Textes, Interpretations*, Paris 2014.

Stickler, A. M., *Il celibato ecclesiastico. La sua storia e i suoi fondamenti teologici*, Cita del Vaticano 1994. (Traducción del original alemán de 1993).

Thomas, Gordon, *El deseo en el celibato*, Barcelona 1988.

Touze, Laurent, *L'avenir du celibat sacerdotal*. (Parole et Silence) Lethielleux 2010.

Vanier, Jean, *Man and woman He made them*, London 1985.

Yañez, María Damián, «El celibato: entrega total a Dios», *Confer* XIV (1969) 359-370.

4. El voto de pobreza evangélica

Belo, Fernando, Lectura materialista del evangelio de Marcos, Verbo Divino, Estella 1974.

—, «¿Qué pretende la lectura materialista?», *Concilium* 158 (1980)180-190.

Cabra, Pier Giordano, *Amarás con todas tus fuerzas (pobreza)*, Santander 1982.

Castillo, José María, *Los pobres y la teología*, Bilbao 1997.

Conferencia Episcopal Española, *La Iglesia, servidora de los pobres. Instrucción*, abril 2015.

Clévenot, M., *Materialist Approaches to the Bible*, Orbis Books, New York 1985.

Ellacuria, Ignacio, «La Iglesia de los pobres, sacramento histórico de liberación», *Mysterium Liberationis*, II, 127-153.

Escudero Freire, C., *Devolver el evangelio a los pobres*, Sígueme, Salamanca 1978.

Fernandez, B. - Prado, F. (eds.), *Pobres en un mundo global*, Madrid 2004.

Fernandez, B., «El pobre, sacramento de Cristo», Eph-Mar 40 (1990) 25-44.

Fusco, V., *Povertá e sequela. La pericope sinottica della chiamata del rico (Mc10,17-31 par.)*, (Studi Biblici, 94), Brescia 1991.

García Maestro, Juan Pablo, *Pensar a Dios desde el reverso de la historia. El legado teológico de Gustavo Gutiérrez*, Salamanca 2004.

Gonzalez Faus, J. I., *Vicarios de Cristo. Los pobres en la teología y espiritualidad cristianas*, Madrid 1991.

Gutierrez, Gustavo, *La fuerza histórica de los pobres*, Salamanca 1982.

Hengel, Martin, *Eigentum und Reichtum in der frühen Kirche*, Stuttgart 1973.

Hoornaert, Eduardo, *The Memory of the Christian People*, Orbis Books, New York 1988.

Lois, Julio, *Teología de la liberación: opción por los pobres*, Madrid 1986.

Michiels, Robert - Hendricks, Herman, «The materialist Reading of the Bible», *East Asian Pastoral Review* 23 (1986) 138-149.

Moreno Rejon, F., *Teología moral desde los pobres*, Madrid 1986.

Pieris, Aloysius, sj., «To Be Poor as Jesus was Poor», *The Way* (1984) 186-197

Pixley, J. - Boff, C., *Opción por los pobres*, Madrid 1986.

Rahner, Karl, «Teología de la pobreza», en: *Escritos de Teología*, VII, Madrid 1969, pp. 469-514.

Rechi, Silvia, «Seguire il Cristo povero e la sfida delle culture», *Consacrazione e servizio* 47 (1998) 37-48.

Soarez-Prabhu, George M., sj, «Class in the Bible: The biblical Poor, a social class?», *Vidyajyoti* 49 (1985) 320-346.

Salaverri, José María, *La pobreza religiosa hoy*, Publicaciones Claretianas, Madrid 1992.

Sobrino, Jon, «Opción por los pobres», en: C. Floristán - J. J. Tamayo (eds.), *Conceptos fundamentales del cristianismo*, Madrid 1993, pp. 880-898.

Sobrino, Jon, Resurrección de la verdadera Iglesia. Los pobres lugar teológico de la eclesiología. Santander 1981. Sal Terrae.

Theissen, G. Wir haben alles verlassen (Mc X,28). Nachfolge und soziale Entwurzelung in der jüdisch-palastinischen Gesellschaft des I. Jahrhunderts n. Cr., en NT 19 (1973) 161-196.

Wilfred, Felix, Option for the Poor and Options of the Poor. Reflections from an Asian Perspective, en: Saunset in the East?. Madras 1991. pp. 100-117.

—, Church's Commitment to the Poor in the Age of Globalization, Vidyajyoti 62(1998)79-95

5. El voto de obediencia fraterna

AA. VV., *La autoridad y la obediencia. I Simposio ITVR*, Publicaciones Claretianas, Madrid 2009.

AA. VV., Monográficos de la revista *Vida Religiosa* 94 (2003)

Alonso, Severino Mª, *La autoridad en la vida consagrada. Un carisma de animación-comunión*, Publicaciones Claretianas, Madrid 2008.

Bocos Merino, Aquilino, *Liderazgo y proximidad. El valor de la presencia en el gobierno de la vida consagrada*, Publicaciones Claretianas, Madrid 2016.

Cantalamesa, Raniero, «"Obediente fino a la morte". L'obedienza a Dio», *Consecrazione e servizio* 46 (1997) 20-30.

—, «"Spoglio se stesso". La kenosi di Cristo e la nostra kenosi», *Consacrazione e Servizio* 46 (1997) 13-19.

CIVCSVA, *El servicio de la autoridad y la obediencia. Instrucción*, Madrid 2008.

—, *Escrutad. A los consagrados y consagradas que caminan tras los signos de Dios. Hacia el año de la vida consagrada*, Madrid 2014.

—, *Anunciad. Carta a los consagrados y consagradas testigos del evangelio entre las gentes*, Madrid 2016.

—, *A vino nuevo, odres nuevos. La vida consagrada desde el Concilio Vaticano II: retos aún abiertos. Orientaciones*, Madrid 2017.

Fernandez, B.-Prado, F., *Obediencia. Pasión por Dios en tiempos precarios*, Madrid 2005.

Pujol Bardolet, J., *El ministerio de animación comunitaria. La vida comunitaria como profecía y misión*, San Pablo, Madrid 1997.

Rovira, J., *Autoridad y obediencia en la vida religiosa de hoy*, Paulinas, Madrid 2005.

Tillard, J. M. R., «Obéisance», en: DS. 11, Beauchesne, Paris 1982, pp. 535-563.

ÍNDICE